우리는 다음
지구로
　　　　간다

우리는 다음 지구로 간다

함은세 지음

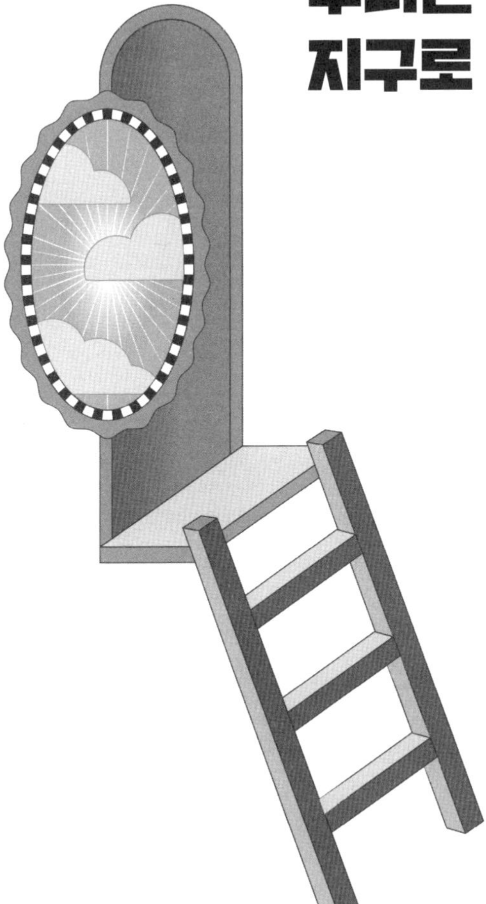

목차

추천사 _ 006
아래로부터 배우는 신선함과 짜릿함이 충만한 책 _ 최재천
몸으로 얻은 삶의 질문 _ 조병영
고민과 선택의 세부를 보여준 청년 함은세 _ 하재연

프롤로그 _ 012
하고 싶은 이야기를 할 수 있는 세상을 향해

thema 1. 아직도 인생은 어렵지만

✦ 학교를 꼭 다녀야 할까? _ 022
✦ 이미 늦어버린 삶이란 게 있을까? _ 032
✦ 평범한 삶이란 무엇일까? _ 042
✦ 하고 싶은 게 없다면 어떻게 해야 할까? _ 052
✦ 안정적인 삶만이 정답일까? _ 062
✦ 공부의 의미는 무엇일까? _ 074
✦ 진짜 어른이 된다는 건 무슨 뜻일까? _ 086

[세계의 청년은 지금]
☆ 지금 우리에게 가장 필요한 가치는 무엇일까? _ 096
☆ 지금 우리에게 가장 큰 위험은 무엇일까? _ 101

thema 2. 종종 세상을 뒤흔들고파
- 권력을 가지면 변할까? _ 108
- 나와 관련 없는 일이라는 게 존재할까? _ 118
- 이길 수 없는 싸움을 왜 하는 걸까? _ 128
- 진정한 정의란 무엇일까? _ 138
- 모든 사람에게 같은 기회를 줄 수 있을까? _ 148
- 학위가 없으면 전문가가 아닐까? _ 158
- 우리의 분노는 사회 변혁의 원동력이 될 수 있을까? _ 170
- 정치적 올바름은 늘 옳을까? _ 180
- 세상은 정말 바뀔 수 있을까? _ 190

[세계의 청년은 지금]
☆ 진짜 민주주의란 무엇일까? _ 200
☆ 미래 사회는 어떤 모습으로 존재할까? _ 206

thema 3. 그럼에도 불구하고 해야 하는
- 피해자가 가해자가 될 수 있을까? _ 212
- 공동체가 개인보다 더 중요할까? _ 224
- 우리는 왜 서로를 미워할까? _ 234
- 반드시 행복해야만 할까? _ 244
- 이해와 공감의 차이는 무엇일까? _ 254
- 돈을 많이 버는 게 중요할까? _ 264
- 어떻게 해야 진정한 나로 살 수 있을까? _ 274

[세계의 청년은 지금]
☆ 건강한 공동체에는 무엇이 필요할까? _ 284
☆ 어떻게 해야 더 나은 사회를 만들 수 있을까? _ 289
☆ 국가는 지속될 수 있을까? _ 294
☆ 국민은 정말 국가의 주인일까? _ 299

아래로부터 배우는 신선함과 짜릿함이 충만한 책

최재천(이화여대 에코과학부 명예교수, 생명다양성재단 이사장)

이 책은 우리 시대 대표적 '학교 밖 청소년' 함은세 작가가 자기가 받은 사랑을 세상에 돌려주겠다는 다짐으로 쓴 책이다. 원래는 월드컵 베이비로 태어나 엄마의 권유로 고등학교를 중퇴하고, 아빠의 뜻하지 않은 부추김에 힘입어 책가방 대신 여행가방을 메고 다닌, 자신의 삶을 주제로 쓰려고 했다. 하지만 2024년 12월 3일 아무도 예상하지 못했던 계엄 선포로 인해 세상이 전복되며 '나의 이야기'가 아니라 '우리의 이야기'로 바뀌었단다. 배낭여행 길에서 만난 세계 여러 나라의 젊은이들과 대화하며 우리 시대가 안고 있는 다양한 문제에 대해 신선한 해결책을 모색한다.

아닌 밤중에 날벼락 같은 친위 쿠데타를 겪으며 국가가 과연 존속될 수 있을지에 대한 의문에서 출발해 참된 민주주의란 어떤 것인지, 우리가 바라는 미래를 위하여 학교를 꼭 다녀야 할 것인지, 학위가 없으면 전문가가 될 수 없는지 등에 관해 질문하고 답한다. 질문의 폭을 조금 좁혀 우리나라 상황에 한정한다면 삶은 곧 경쟁에서 이기는 법을 배우는 과정이므로 결국 속도전이 될 수밖에 없다. '인터미션 없는 길고 긴 상황극'에서 '늦음'에 대한 공포는 너무나 당연하다. 대학이라는 목표에 도달하더라도 "포장도로 위를 달리는 건 맞는데 표지판은 너무 많고, 갈 길을 알려주는 내비

게이션에는 오로지 최소한의 정보만 담겨 있"을 뿐이다. 평범한 삶이란 무엇이며 안정적인 삶이 과연 정답일까? 정의란 무엇이며 우리는 왜 이길 수 없는 싸움을 계속하는 걸까?

개인적으로 나는 2023년 여름 모교인 서울대학교 하기 졸업식에서 축사하는 영광을 누렸다. 미국에서 명문 대학의 졸업식 축사에 대한 기대와 호응은 어마어마하다. 미국에서는 내용이 아무리 훌륭해도 3~4분 간격으로 웃기지 못하면 명연설 축에 끼지 못한다. 그런 걸 늘 보고 들었던 나는 정말 멋진 축사를 하고 싶었다. 그러나 능력 부족을 절감하고 나는 결국 진지한 얘기를 한바탕 쏟아 내기로 결심했다. 그래서 나는 후학들 앞에서 정의, 공평, 양심, 공정 등을 운운하며 쓴소리를 늘어놓았다. 허울만 번드레한 '공정과 상식'의 정부 체제였지만 작심하고 젊은 후배들에게 치졸한 공평에 그치지 말고, 고귀하고 따뜻한 공정을 추구해 달라고 당부했다. 다행히 당국의 탄압은 없었고 사회의 반응은 예상보다 뜨거웠다. 그러다 2024년 12월 3일 계엄 선언으로부터 헌법재판소가 탄핵을 결정한 2025년 4월 4일까지 대한민국 사회의 젊은 세대가 보여준 용감하고 창의적인 언행을 보며 나의 축사는 괜한 기우였음을 깨달았다. 우리는 그동안 지금 젊은 세대를 'MZ 세대'라 칭하며 그리 곱지 않은 시선을 보낸 게 사실이다. 그러나 계엄과 탄핵 상황에서 우리나라 MZ 세대가 보여준 당당함과 올바름은 기성세대의 우려가 그저 기우였음을 분명하게 확인해 줬다.

이 책에서 함은세 작가와 그의 친구들이 들려주는 말들은 기성세대의 입에서는 좀처럼 나오기 힘든 말들이다. 서울대 졸업식 축사에서 내가 세 번이나 반복해서 한 말이 있다. 인생 살아보니 퍽 길더라고. 이 책을 읽으며 "수천 번의 불협화음과 끔찍한 역사적 퇴행을 반복해도 언제나 민주주의의 주춧돌을 되찾아오면서 반전 서사를 보여주는" 우리 젊은 세대의 건전하고 다양한 생각들을 접하며 종종 가슴이 웅장해짐을 느꼈다. 아래로부터 배우는 신선함과 짜릿함이 충만한 책이다. 기성세대에는 새로운 배움을, 젊은 세대에게는 뿌듯함을 선사할 것이다. 세대를 아우르는 필독서가 되기 바란다.

몸으로 얻은 삶의 질문

조병영(한양대 국어교육과 교수)

많은 경우에 우리는 공부를 '말'로 한다. 가르치는 사람도 말로, 배우는 사람도 말로 하는 것이 공부라고 생각한다. 예컨대 어른이 글 읽는 법을 말로 가르쳐주면 아이가 글을 읽을 수 있을 것이라고 믿고, 아이도 글 쓰는 법을 말로 배우면 어른처럼 글을 쓸 수 있을 것이라고 믿는다. 우리가 원래 그렇게 믿지 않았을 것인데, 어린 시절부터 어른이 될 때까지 배움의 경험이 줄곧 말로 가득차다보니 원래 무얼 가르치고 배우는 일은 말로 하는 것이라고 믿게 된 것 같다.

하지만 적잖은 경우에 좋은 공부는 '몸'으로 하는 것이다. 가르치는 사람도 몸으로 가르치고, 배우는 사람도 몸으로 배우는 것이 공부여야 한다. 예컨대 어른이 글 읽는 법을 몸으로 가르쳐주면 아이가 정말 몸을 써 글을 읽을 수 있게 되고, 아이도 글 쓰는 법을 몸으로 배우면 어른처럼 글을 직접 쓸 수 있게 된다. 우리는 원래 그런 걸 알지 못했을 것인데, 어린 시절부터 어른이 될 때까지 배운 그 경험이 꾸준하게 몸으로 채워지면 원래 무얼 가르치고 배우는 일은 몸으로 하는 것이라고 깨닫게 된다.

함은세 작가의 말은 몸으로 만들어져 있다. 몸의 말은 의문투성이다. 몸으로 생각하고, 몸으로 느끼고, 몸으로 보고 만져 얻어진 '삶의 질문'이기 때문이다. 말은 명료함과 추상화라는 서로 닿기 어려운 과제를 추구하지만, 몸은 언제나 구체적이고 직관적이면서도 또한 본질적이다. 그래서 몸이 말로 전환되는 과정은 구체적인 것이 수차례 의문과 의심과 회의를 통해서 추상화되고 명료화되는 변증법적 성장의 경험이다. 그래서 몸의 말, 말로 형상화된 몸의 질문은 상투적이지 않다. 함은세 작가에게는 좋은 질문이 있다. 20대 청년이 오늘 아침에 문득 깨어 던진 질문이 아니라, 20년을 변화무쌍하거나 혹은 지리멸렬한 사람, 주변, 생명, 기술, 환경, 시공간의 기운과 사귀고 어울리고 티격태격하면서 살아남은 질문이다. 인터네셔널 바칼로레아IB 질문 못지않게 좋다.

함은세 작가는 질문을 다시 몸으로 풀어간다. 젊은 작가는 오랜 질문을 품에 안고 억지로 견디는 것이 아니라, 그걸 산뜻하게 선물처럼 포장해서 사람을 만난다. 인물들을 찾아가 예의를 갖추어 문안하고 그들이 스스로 몸을 움직여 선물을 열어보게 만든다. 대화의 중심은 대담자에게는 일종의 답례품을 마련하듯 작가가 들고 온 질문에 대한 답을 찾는 것처럼 보이지만, 그들의 대화는 몸과 몸, 경험과 경험, 앎과 앎, 삶과 삶이 만나는 동행에 가깝다. 행선지는 선물의 의미와 가치가 어떻게 그들과 주변에 의해서 발견될 수 있는가이다. 그들이 빚어낸 직관적이지만 본질적인 개인 서사와 사례 분석은 작가를 거쳐 '체화된 언어'의 논증으로 발현된다.

"인생은 백화점에서 가방을 쇼핑하는 것처럼 간단하지 않다."

이건 IB 논술 답안보다 낫다.

말은 다시 몸으로 옮겨져야 한다. 몸의 말은 말의 몸이 되어 삶으로 시도된다. 함은세 작가의 방식이 궁금하다. 그가 어떻게 말을 다시 몸으로 옮길지. 여러분도 궁금하다면 작가의 선물을 열어보자. 그리고 지금껏 당신이 만든 몸의 말로 작가의 길에 함께 나서보자. 몸의 공부를 시작하는 좋은 말의 공부가 될 것이다. 이 책을 추천한다.

고민과 선택의 세부를 보여준 청년 함은세

하재연(시인)

나는 청년들과 배움을 함께하는 일을 직업으로 삼고 있기에 조금이나마 그들에게 가까이 있는 사람이다. 한국의 입시라는 가혹하고 무거우며 때로는 지독하게 폭력적인 시기를 어떻게든 -그러니까 아프든, 감각과 정신을 마비에 가까우리만치 최소화하든, 도중에 학교를 빠져나왔든 간에- 견디며 지나온 그들이, 다시 길을 잃은 것 같은 모습으로 불안하고 어두컴컴한 미래에 현재를 저당잡힌 채로 흔들리며 앓고 있는 표정들을 목격하는 중이다. 질식하지 않기 위해 조금씩 숨구멍들을 찾으며, 앞이 잘 보이지 않는 길고 어두운 터널을 그들과 내가 함께 걷고 있다고 생각한 적이 있었다. 나는 오랫동안 비정규직 연구자였고, 시를 쓰는 이였으며, 경력이 단절되지 않기 위해 안간힘을 쓰며 공부와 육아와 예술과 노동을 병행하는 여성이었다. 그러나 동시에 이제는 이 사회의 기성이 되어버린 세대로서 참담한 책임을 느끼면서, 여전히 "어떻게 해야 진정한 나로 살 수 있을까"라는 이 책 속의 의문을 되풀이하고 있는 사람이기도 하다.

함은세의 《우리는 다음 지구로 간다》를 읽으며 정신이 번쩍 들었다가, 눈물이 났다가, 종내는 뿌듯한 희망이 가슴속에서 피어오르는 경험을 한다. 나의 청년 시절 내가 이 사회에 던지고 싶었으나 그러지 못했던 의문들, 친구들과 나누고 싶었으나 허락되지 않았던 대화들, 끝내 포기하지 못했던 투쟁의 목소리들이 이 책 곳곳에서 구체적이고 생생하게 들려왔기 때문이다.

함은세의 《우리는 다음 지구로 간다》는 어떤 삶의 형태 속에서도 그쳐서는 안 되는 의문과, 그에 대해 온몸으로 응답하며 각자의 실천을 해나가는 청년들의 모습을 담고 있다. 세간에는 전 지구적 위기와 글로벌 신보수주의 바람에 흔들리는 청년 세대에 대한 비판의 목소리들이 들려온다. 그러나 이 위기의 시대를 살아가고 있는 청년들의 고민과 선택의 세부를 진심으로 알고 싶다면, 종국에는 청년 세대가 변화와 미래의 담지자임을 상기하고 싶다면, 반드시 이 책을 읽어보아야 한다.

거칠고 꽉꽉하기 그지없는 토양에 잘 들어가지 않는 삽을 꽂고, 묵묵히 땅을 파내고, 땀 흘려 모종을 심어 가꾸며, 폭풍우에 연약한 줄기와 이파리가 쓰러져도 합심하며 지지대를 세우는 이들의 표정. 불 꺼지지 않는 학교와 학원에서, 2024년 겨울의 냉혹하게 추웠던 남태령에서, 가자 지구의 학살에 반대하고 평화를 지지하는 시위에서 보았던 청년들의 표정이 내게는 이와 같은 표정과 겹쳐 보인다. 단단하면서도 유연하고, 정의가 무엇인지를 물으면서도 다정함을 견지하는 작가의 시선을 통해, 한국과 전 세계에서 '진짜 나 자신'으로 살아가고자 하는 청년들의 모습이 태피스트리처럼 입체적으로 선명하게 떠오른다.

정의와 연대와 사랑이 무엇인지 물어왔으나, 끝내 답을 찾지 못하고 무력함에 빠진 기성세대에게, 내가 가고 있는 길이 어디인지 모르겠으나 그 길을 자신의 힘으로 탐색하고 싶은 청년들에게, 이 책은 멀리서 들려오는 다정하고 고요한 북소리처럼 깊은 위로와 희망을 전할 것이다.

 하고 싶은 이야기를 할 수 있는 세상을 향해

  누구에게나 저마다의 터닝포인트가 있습니다. 최고일 수도, 최악일 수도 있지만 큰 의미에서는 여하튼 인생을 바꾸어놓은 것. 아마 이 글을 읽는 모든 분에게도 그러한 순간이, 경험이, 만남이 존재할 겁니다.

  그런 점에서 저는 상당히 운이 좋습니다. 벅찰 만큼 다양하고 아름다운 터닝포인트들이 넘쳐흐르는 삶이었기 때문입니다. 도전과, 좌절과, 여정과, 정지와, 다가온 사람과 떠나는 사람을 마중하는 일들이 수없이 반복되어, 월드컵 열기 속에서 태어난 소녀는 어느덧 20대 중반을 바라보게 되었습니다. 그런데도 아직 부족하며 미숙합니다. 세상은 제가 아는 것보다 넓고 거칠며 혼란스러운 것 같습니다. 성인이 되었지만 여즉 어른이 되지는 못했고, 나아지는 듯 보이다가도 더 어두컴컴해지는 현실 앞에서 제 존재는 갈수록 작게만 느껴집니다.

그렇지만 모든 게 변하는 삶의 요동 앞에서도 유일하게 변치 않은 마음이 있다면, "내가 받은 사랑을 세상에 돌려주겠다."라는 다짐입니다. 어떤 이는 선민의식이라고 말할지도 모르겠습니다만, 저는 그게 제 존재 이유라고 생각합니다. 제 품에 안겨준 모든 지지와 응원이 아무에게나 허락되지 않는다는 것을 알기에, 이 삶의 길이 펼쳐진 배경에 흩뿌려진 희망의 꽃씨들을 더 널리, 더 많이, 그리고 더 정답게 전하고 싶습니다.

그래서일까요. 성인이 될 날을 목전에 앞두고 계약한 이 책의 출간 여부가 흐르는 시간 속에 점점 불투명해지는 와중에도, 결코 놓을 수 없었습니다. '학교 밖 청소년'으로서의 개인적 삶을 주제로 할 예정이었던 책의 콘셉트가 유의미한지 계속 고민하면서요. 나아가야 할 곳을 고민하는 것만으로도 힘에 부치던 저에게, 제 이야기를 담은 글을 쓰는 건 가장 힘겨운 사치였습니다. 어떤 말을 해야 할지, 무슨 말을 하고 싶은지 저 자신조차 알기 어려웠거든요.

그러던 와중에 2024년 12월 3일, 세상이 전복됐습니다. 두려움과 공포가 폭풍우처럼 대한민국을 휘감았고, 이 글을 쓰는 2025년 5월, 한 번의 큰 파도가 지나갔지만, 시대를 휘감은 암울한 긴장은 소멸의 기미 없이 여전히 일렁대고 있습니다. 그럼에도 우리 모두 두 눈으로 똑똑히 보았습니다. 반파된 사회의 균열을 꿈틀대며 뚫고 나와 빛으로 거리를 수놓은 강인한 청춘들을 말입니다. 그때, 저는 깨달았습니다. '나의 이야기' 말고, '우리의 이야기'를 해야 하는 시대가 도래했다는 것을요. 21세기를 살아가는 청년으로 살아가며 떠올렸던 질문들을 정리하고, 전 세계를 여행하며 만난 인연 중에서 질문에 대답을 해줄 만한 국내외의 친구들에게 연락해 그들의 생각을 물은 후 제 의견을 덧댔습니다. (동남아시아와 아프리카 등 더 다채로운 지역의 청년의 목소리를 담았다면 좋았겠지만, 제 주변 이들을 인터뷰한 글의 특성상 그러지 못해 아쉬움이 남습니다.)

그래도 결국 이 책은 "왜?"라는 물음을 던지게 만들어 준 세상 덕분에, 그 물음을 함께 곱씹어준 친구들 덕분에, 그리고 그 대답을 다시 사회라는 망망대해 위에 띄워준 이들 덕분에 기어코 여러분에게 첫인사를 건네게 되었습니다. 다시 한번, 저는 참으로 운이 좋은 사람이라는 사실을 가슴으로 받아들입니다.

'여는 말'을 쓸 날을 고대하면서도 언젠가는 쓰게 되리라는 것을 믿지 못했습니다. 아직도 글을 쓰는 일은 매일 아침 출근길에 마주쳐도 인사는 나누지 않는 낯설고도 익숙한 이웃 같습니다. 특히나 이렇게 묵직한 진심을 그득 담은 조약돌을 세상에 던지는 행위를 할 때는 '글'이라는 매개체 자체가 저를 겁나게 합니다. 그러므로, 그러니까, 그럼에도 불구하고 써야 하는 거겠지요. 외쳐야 하고, 부딪쳐야 하는 거겠지요. 그러다 보면 세상은 바꾸지 못해도, 한 사람의 인생 정도는 더 나은 곳으로 이끌 수 있을까요. 잘 모르겠지만, 그러길 바랍니다.

마치 자신의 일처럼 진심을 다해 인터뷰에 참여해 준 34인의 친구들과 귀한 추천사를 선물해 주신 최재천, 조병영, 하재연 선생님을 비롯해, 제 인생에 발자취를 남긴 모든 이들에게 고맙습니다. 한 분 한 분 나열하는 일만으로도 며칠 밤을 새울 만큼 함은세의 삶에 별처럼 무수하고 눈부시게 수놓인 여러분입니다. 아주 짧은 순간이어도, 나를 기억조차 하지 못하더라도, 여러분이 있었기에 제가 있습니다. 모험이나 다름없는 삶의 항해를 늘 기쁘게 인도해 주는 나침반과 같은 가족들에게도 고맙습니다. 하루에도 몇 권의 책을 읽어냈지만 끝내 이 책은 읽지 못한 채 먼 길을 떠나신 독서왕 김옥희 실비아 님께는 특히 더 꾹꾹 눌러 담은 마음을 전합니다. 무엇보다 이 고되고 오랜 집필 과정에서 저를 포기하지 않고 굳건히 곁을 지켜주신 출판사 박숙정 대표님께 진심으로 감사드립니다. 대표님이 아니었다면 다다르지 못했을 종착점입니다. 그리고 저와는 전혀 다르지만, 본인만의 방식으로 꿋꿋이 앞으로 나아가며 매일매일을 치열하게 살아가는 선하고 올곧은 청년 함서진 님을 포함하여, 자신만의 발걸음을 옮기고 있는 이 시대의 모든 청년에게 존경과 빛을 보냅니다.

우주는 그대의 편입니다. 그대가 우주이기 때문입니다. 각자의 우주를 마음껏 유영하며, 다음 은하계에서 만날 수 있기를, 그때가 오면, 서로에게 손 한 번 흔들며 웃어줄 수 있기를, 그렇게 계속해서, 우리가 우리인 채로 서로의 우주를 넘나들 수 있기를 바랍니다.

그럼, 어딘가에서 곧 다시 만나요.

2025년 가을,

여러분과 함께 은빛 세상을 만들고 싶은, 함은세.

thema 1

아직도 인생은 어렵지만

학교를 꼭 다녀야 할까?

say

함 대한민국, 행정학 전공
서
진

대한민국에서 학교는 사회생활 전후에 꼭 거쳐야 할 '당연한 관문'처럼 여겨져요. 그래서 "학교를 꼭 다녀야 할까?"라는 질문을 던진다는 건 상상도 못 할 일이에요. 사회 구조상 그런 의문을 품기가 어렵잖아요. 악착같이 노력한 고등학교 시절을 지나 대학에 입학하니 저 자신이 무척 자랑스러웠어요. 그런데 시간이 흐를수록 공허함이 밀려오더라고요. 고등학교에서 대학 가는 법은 가르쳐줘도 어른이 되는 법은 가르쳐주지 않았거든요. 그럼에도 학교를 안 다니는 것보다는 다니는 게 낫다고 생각해요. 학교라는 작은 사회에서 좋은 친구들과 감사한 스승들을 얻었고, 무엇보다 '최선을 다하는 것'의 가치를 배웠으니까요. 좌절과 노력을 반복하며 자기를 찾아가고 나의 한계를 넘어서는 걸 경험했고요. 삶과 진로에 대한 고민이 이어지는 지금도, 학교생활을 하며 기른 내면의 힘이 방황의 시간에서 저를 지탱해 주고 있는 것 같아요.

 어린 시절 나는 학교와 꽤 잘 어울리는 아이였다. 초등학교 2학년부터 졸업 때까지 5년 내내 학급 회장을 맡았고, 전교 회장과 부회장도 모두 했을 만큼 학교생활에 열의가 있었다. 교우 관계를 넓히는 것도 즐겼던 편이라 스카우트 활동에도 빠지지 않았으며, 온갖 교내 대회에 나가서 타온 상장은 40매짜리 투명 파일철을 꽉 채울 정도로 많았다.

 꽤 말괄량이였고, 여기저기 친구들을 이끌고 다니던 나의 밝고 활달한 성격은 같은 구에 있는 다른 동으로 이사를 하고, 전과는 전혀 다른 분위기의 중학교에 다니기 시작하면서 급속도로 어두워졌다. 맞벌이 부모님을 둔 아이들이 대부분이라 매일 저녁 시간까지 너나 할 것 없이 뒤섞여 운동장을 뛰어놀고 끈끈한 유대감을 쌓았던 이전 동네와 분위기가 사뭇 달랐다. 중학교가 자리한 곳은 고층 아파트를 중심으로 대형 학원과 사립학교들이 밀집한 지역이었다. 개인주의적인 성향이 조금 더 강하고 경쟁이 치열한 학교의 정서가 타인의 시선을 무척이나 신경 쓰던 나의 예민함과 섬세함 위에 덧대지자, 상황은 예상치도 못했던 방향으로 흘러갔다.

마의 중학교 2학년, 처음 학교 화장실에서 정신을 잃고 쓰러진 후로 악몽 같은 나날들이 시작됐다. 빈맥, 과호흡, 극심한 우울증과 공황장애가 쳇바퀴 돌 듯 끊이지 않고 이어졌다. 병원 입퇴원을 반복하다 보니 교과 과정을 따라가는 것조차 힘겨웠다. 조퇴와 결석이 누적되어 자칫하면 유급까지도 고려해야 하는 지점까지 다다랐다. 겨우 중학교를 졸업하고 평생을 살던 곳이 아닌 완전 새로운 지역의 고등학교에 진학한 이후로는 건강 상태는 호전은커녕 극단적으로 악화했다.

이때, 엉망진창이 되어버린 열일곱 함은세에게 엄마가 대안을 제시했다. 그건 바로 "학교 그냥 때려치워라."였다. 생각지도 못했던 이 기막힌 제안 앞에 처음에는 "그럴 거면"이 붙은 건 아닌지 의심했지만, 엄마는 상당히 진지하게 '자퇴'라는 선택을 고민하고 있었다. 엄마가 그런 폭탄 발언을 하게 된 가장 큰 이유는 당연히 건강이었다. 게다가 엄마의 개인적 소신이 입시 체제를 적극적으로 찬성하고 그것에 맞추어 자녀를 양육하는 전형적인 학부모와는 다르다는 건 이미 오래전에 알고 있었다. 반년 가까운 시간을 고민 속에 보내고 '낭랑 18세'가 되며 나는 학교를 관뒀다. 다른 말로 하면, 용기를 냈다.

그 후로 지금까지 '학생'이라는 가장 일반적인 옷 대신, 자퇴생 알바생 배낭여행자 서퍼 글쟁이 강연자 기획자 … 그 외 85가지 정도의 페르소나를 거치며 오늘에 이르렀다. 사람의 인생을 성공과 실패로 양분화할 수는 없겠지만, 굳이 따지자면 열여덟 함은세가 스물넷 함은세가 되기까지 거쳐 온 시간은 일종의 기적과 같았고 또 다른 의미의 성공이었다. 학교에서는 가르쳐주지 않은 수많은 삶의 방식과 가치들을, 세상에서 직접 직면하고 스스로 배웠다.

반면, 이 집안의 또 다른 구성원인 함서진 님은 그의 누나(바로 나다)와는 정반대의 사람이다. 그는 전학 간 초등학교에서도, 빡빡한 사립 중학교에서도 곧잘 적응해 내고 상대적으로 즐거운 학교생활을 했다. 그가 고등학교에 진학할 무렵 성인이 되기 직전이던 누나의 학교를 때려치운 사례가 성공적이었으므로, 부모님은 그에게도 고등학교를 진학하지 않는 게 어떠냐고 권유했다. 서진 님은 단호하게 "No."를 외쳤다. 학교 다니는 것도 재밌고, 고등학교와 대학교에도 가고 싶고, '일반적'인 삶이 본인과 더 잘 맞는다는 게 그 이유였다. 그는 자기 선택대로 동네에 있는 인문계 고등학교에 다니게 됐다.

그가 자신의 학교생활에 대해 전부 얘기한 것은 아니므로 모든 걸 다 알 수는 없지만, 곁에서 지켜본 사람으로서 확실하게 말할 수 있는 건 그의 삶이 그의 방식에 따라 '잘' 돌아갔다는 것이다. '잘'이라는 긍정어가 담은 의미를 명확히 설명하진 못해도, 최소한 그가 본인의 인생을 꾸려 나가기 위해 얼마나 애썼는지는 알고 있다. 그는 좋아하는 것, 잘하는 것, 하고 싶은 것을 찾기 위해 가장 대한민국적인 방법으로 최선을 다했다. 그의 노력이 이 나라에서는 당연하게 받아들여지고 눈에 잘 안 띈다는 사실로 인해 그가 거듭했던 고민까지도 함께 묻혀버리는 건 아니다.

한편으로는 그는 본인이 대학 문턱을 넘겠다는 목표만으로 살아온 시간이 결코 대학에서의 배움에 대한 갈망과 일치하는 것은 아니라고 인정한다. 그의 말에 의하면 대학에 가겠다는 의지의 발현은 '간판'을 하나 더 따겠다는 의지와 다르지 않았다. 대학에 입학하여 이전에는 전혀 부담한 적 없는 책임과 자율성이 등허리에 얹어졌는데, 이걸 버텨내는 힘은 공교육 체계에서 알려준 '정상성'을 지탱하는 능력과는 정반대에 위치한다. 성인이 될 때까지 늘 하나의 틀을 알려주고 거기에 몸을 끼워 맞추라고 지시했던 사회가, 하루아침에 갑자기 "네 틀은 네가 알아서 만들어야지."라며 귀를 후비적댄다. 황당하기 짝이 없는 상황이다.

그래도 그는 바로 그 '황당함의 터널'을 지나갈 내면의 힘을 길러준 게 공교육이라고 말하고 있다. 무너질 만큼 허망해도 일단 다시 일어서서 앞으로 나아가는 생존력, 초절정 경쟁사회에서도 끈질기게 살길을 찾으라며 자기 자신에게 외치는 정신적 채찍질은 조금은 잔인할지라도 공교육이 아니었다면 익숙해지기 어려웠을 것이다.

스물셋이라는 늦은 나이에 첫 수능을 준비하면서 보낸 시간을 곱씹어보니 그의 말이 충분히 이해가 간다. 하루의 절반 이상을 의자에 앉아 시간을 보내고, 바쁜 가족들의 얼굴보다 태블릿 PC 속 인터넷 강사들의 얼굴을 더 자주 보았던 두 달간의 준비 기간 동안, 나는 내가 학교를 중간에 그만뒀기 때문에 더 빨리 체득하지 못했던 감각도 있었으리라는 걸 알게 됐다. 늘 '좋아하고 잘하는 것'만 해왔던 내게, 수능을 공부하는 시간은 '싫어하고 잘 못 하는 것'만 끊임없이 반복하는 나날이었다. 하지만 인생은 백화점에서 가방을 쇼핑하는 것처럼 간단하지 않다. 내가 거리를 두고 싶고, 나의 자존감을 바닥으로 떨어뜨리는 어려운 행위들에도 도전장을 내밀어야만 '성장'이 저 벽 너머에서 고개를 빼꼼 내미는 법이다. 분명 서진 님도, 대한민국의 대다수 학생도 그 시간을 자연스럽게 거쳐 왔을 테다. 본인들이 보여주는 노력과 악착같음이 얼마나 대단한 건지 인지하지도 못한 채로 말이다.

같은 집안에서 자랐으나 전혀 다른 방향을 선택하고 각자의 방식으로 다음 삶의 여정을 모색 중인 이 유별난 남매를 성공과 실패의 사례로 정확히 양분할 수 있을까? 이쯤 되면 이 글을 읽는 독자 여러분도 헷갈릴지 모른다. 둘 중 그 누구도 성공하거나 실패했다고 말하기에는 '알아서' 잘 사는 중이기 때문이다.

그건 "학교를 꼭 다녀야 할까?"라는 질문에 정확히 이렇다 할 답변을 내리는 건 불가능하다는 의미이다. 그에 대한 대답보다 훨씬 중요한 건, 학교를 중간에 때려치운 함은세도, 개근상까지 받으면서 졸업한 함서진도 자신의 선택을 바탕으로 인생을 꾸려나가고 있다는 사실이다. 후회도, 좌절도, 아쉬움과 고뇌도 그들의 삶 곳곳에 넘쳐나겠지만, 적어도 나와 그는 우리가 늘 그러했듯이 계속해서 자신의 카드를 테이블에 내밀며 다음 수를 이어나갈 것이다.

열여덟에서 스물넷이 될 때까지, "학교 자퇴를 추천하세요?"라는 물음을 셀 수 없이 들었다. 그럴 때마다 나는 DNA를 공유한 우리 집의 또 다른 청년이 얼마나 열심히, 그리고 즐겁게 학교에 다녔고 다니고 있는지에 관한 이야기를 꺼내면서 이렇게 말한다.

"자퇴는 잘 모르겠지만, '스스로 결정하는 것'은 추천할 수 있을 것 같아요."

이미 늦어버린 삶이란 게 있을까?

미나코

Minako, 일본, 영미학 전공, 일본 무역회사 독일 지사 근무

되돌릴 수 없을 정도로 늦어버린 삶은 절대 없어요. 왜냐하면 애초에 삶은 늦고 빠름으로 정의할 수 있는 게 아니거든요. 그런데 세상은 여전히 우리 자신을 다른 사람들의 속도와 비교하면서 '이게 진짜 맞는 걸까?' 고민하게 만들고는 해요. 이러한 사회의 분위기나 압박에 못 이겨 남들보다 더 빨리 나아가야 한다고 여기면서 겁을 먹게 되죠. 하지만 그렇게 생각하면 결국 모두가 내 삶은 이미 늦었다고 느끼면서 살고 있다는 거예요. 삶의 속도는 오로지 자기 자신에게 달려있을 뿐이고, 속도보다 훨씬 중요한 건 방향이기에 '내가 얼마나 뒤처졌는지'를 걱정하는 것보다는 '내가 옳은 방향으로 가고 있는지'를 살피는 게 훨씬 더 필요한 것 같아요.

    2025년도 새해가 된 지 얼마 지나지 않았을 때, 친한 일본인 친구 미나코가 오랜만에 한국에 놀러 와 얼굴을 볼 수 있었다. 아직 쌀쌀한 날씨에 따뜻한 한국식 국수를 먹고 싶다는 미나코의 말에 동대문의 어느 노포로 가 바지락칼국수와 수육을 주문했다.

"나 퇴사하고 독일로 워킹홀리데이를 가게 됐어."

    음식이 나오기를 기다리던 중 미나코의 말을 들은 내 두 눈이 동그랗게 커졌다. 나와 고작 몇 살 차이가 나지 않는 미나코는 일본 지바현 출신으로, 도쿄에서 좋은 사립대학을 졸업한 뒤 아일랜드에서 어학연수를 마치고 잠시 유럽을 여행하던 중 나를 만나게 됐다. 그 후 본국으로 돌아간 그는 일본 내에서 손꼽히는 대기업 중 한 곳에 취직해 교토에서 지내는 중이었다.

그런 안정적인 삶을 포기하고 처음부터 다시 시작한다니. 나도 독일에서 공부하겠다는 꿈을 이룰 여러 방법을 알아보는 상황이었지만, 미나코의 경우에는 결코 그 결정이 필수적으로 넘어야 하는 관문이 아니었다. 평화롭고 아름답기로 유명한 도시에 살며 안정적인 직장 생활을 영위하는 건 한국이건 일본이건 할 것 없이 많은 청년이 바라는 바일 텐데, 미나코는 새로운 도전을 위해 전혀 다른 세상으로 향할 준비를 하고 있었다.

미나코와 비슷한 상황에 놓였을 때 그와 같은 선택을 할 사람은 분명 그리 많지 않을 것이다. 한국에서의 삶은 곧 경쟁에서 이기는 법을 배우는 과정이고, 경쟁에서 이긴다는 건 다른 이들보다 더 빨리 목표 지점에 도달하는 걸 의미한다. 우리나라 사람들에게 인생은 속도전이고, 인터미션 없는 길고 긴 상황극이다.

'늦음'에 대한 공포는 상당히 이른 시기부터 발현된다. 초등학교 시절, 나는 겨우 6 나누기 2는 3이라는 걸 알게 되었는데, 어떤 친구들은 이미 학원에서 소수점 자리까지 나누는 법을 배워 온 상태였을 때의 괴리감을 곱씹어 본다. 내가 남들보다 승부욕이 강한 아이였던 것도 맞지만, 확실히 청소년기는 끊임없이 '남들보다 더 잘난 나'로 거듭나야 한다는 부담에 시달리는 시기이다.

그런데 성인이 된다고 해서 그 부담이 사라지는 건 아니다. '대학'이라는 확고한 목표만을 바라본 채 직진하는 게 일반적인 10대 시절을 지나 막상 대학에 입학하면 경쟁은 여전하지만, 목적은 흐릿해진다. 포장도로 위를 달리는 건 맞는데 표지판은 너무 많고, 갈 길을 알려주는 내비게이션에는 오로지 최소한의 정보만 담겨 있다. 스펙도, 학점도, 인턴십도, 대외활동도 전부 중요하지만 어쩐지 시간은 부족하기만 하다. 그러다가 찾아오는 현타(현실자각타임)! 바로 그 순간이 '진짜'의 시작이다.

그 현타의 형태는 사람마다 다른데, 내 주변인들을 통계의 기반으로 삼아보자면, 보통은 진로에 대한 고민이 근본적 원인으로 작용한다. 성적에 맞춰서 학부를 고르긴 했는데 자신의 성향과 전혀 맞지 않거나, 새롭게 하고 싶은 게 생겼지만 지나온 걸 뒤로 하고 처음으로 돌아가는 건 망설여지거나, 겉으로는 착실하게 스펙을 쌓고 있어도 마음속에서는 본인의 길이 아니라는 걸 알거나, 여전히 하고픈 게 없어서 졸업 이후 삶의 향방을 결정하지 못하는 등 저마다 세세한 상황은 달라도 근심의 결은 일치하는 부분이 많다. 그들의 이야기를 듣던 나는 무턱대고 "그럼 다시 해보면 되지." 하고 말하는데, 그때마다 되돌아오는 답은 "그러기엔 이미 늦었지."다.

처음엔 어리둥절해서 친구들의 어깨를 붙잡고 마구 흔들며 그게 무슨 소리냐고 말하고는 했다. 내가 아는 '진짜' 어른들만 봐도, 장년이 되어서도 다시 초심으로 돌아가 도전을 이어가는 사람들이 수두룩했다. 그런데 많아 봤자 30대 언저리인 우리가 기회도 얻지 못할 만큼 늦었을 리가 없다. 게다가 내 눈에 친구들은 이미 전 세계 어느 나라와도 비교하지 못할 정도로 치열한 교육 현장에서 살아남은, 자기 삶의 진정한 영웅이고 대단한 끈기의 소유자들이었다. 나는 그걸 견디지 못해서 도망쳐 나온 사람이기에, 그들이 얼마나 엄청난 인생의 퀘스트를 깨며 여기에 다다랐는지 확신하며 말할 수 있었고 그 사실을 그들에게 계속해서 확인시켜주고 싶었다.

그런데 반응은 한결같았다. 그들은 거울 속의 자신이 남들보다 뒤처진 건 아닐지 염려했다. 고1 때 적은 진로를 고3이 되어 바꾸기 위해 온갖 이유를 찾아 '개연성'을 만들고, 이제 와서 다시 입시를 할 수는 없으니 그나마 취업에 유리한 과를 복수전공으로 선택하고, 고학력자가 넘쳐나는 시대에 상향평준화된 기준을 따라잡으려 대학원에 진학하고, 크게 원하거나 목표하는 바가 존재하지 않아 고시 생활을 선택하는 게 전부 우리 사회가 만든 '최소 속도'를 위시한 일상적 결정이 되었다.

그건 나도 마찬가지다. 나는 아직 학부 진학조차 안 했는데 같은 학년이었던 친구들은 얼마 전 졸업했거나 학부

과정을 마칠 준비에 들어갔다. 모두가 나보다 한참 빠르게 달려 저 멀리에 서 있다는 건 엄청난 두려움과 압박의 원인이 되었다. 마음의 준비를 해왔던 결과인데도 자꾸 두려워졌다. 늦는 건 무서운 일이다. 그리고 그 무서움은 보편적이다. 설령 의지에 따른 거라고 해도 그다음 단계에 남들보다 느리게 닿고 싶은 사람은 아무도 없다.

하지만 인생은 F1이 아니다. 한 번 반파되고 나뒹군다고 해서 레이스가 중단되지도, 몇십 바퀴 똑같은 트랙을 달리면 시합이 끝나지도 않는다. 설령 남들과 같은 트랙을 달리더라도 그들은 그들 스스로와 시합을 펼치는 게 전부다. 타인은 나의 레이스가 펼쳐지는 세상 어딘가의 배경이지, 내가 추월해야 하는 상대도, 내가 뛰어넘어야 하는 장애물도, 내가 도달해야 하는 결승선도 되지 못한다. 그러니 떠올리고 직면해야 하는 건 오로지 나라는 사람 하나, 그뿐이다.

당연히 세상은 자꾸만 늦었다고 말할 것이다. 학창 시절 "너희 반이 진도 제일 느리다."라는 말로 시작하던 선생님의 훈계는 사실 모든 교실에 울려 퍼지던 단골 멘트라는 걸 우리는 잘 안다. 재촉하고 겁을 주는 행위야말로 생산적이고 효율성 있는 인간을 기르기에 제격이기 때문이다. 나만의 템포를 이어가면 된다고 속내를 다스릴 줄 아는 지혜는 모두의 내면에 언제나 꿈틀대지만, 그걸 덮어놓고 가열차게 불을 지펴 전속력을 유지하게 만드는 게 지금의 우리 사회, 특히 대한민국의 현주소다. 그런 식으로 좌절당한 꿈과 도전이 밤하늘의 별처럼 무수히 많았으리라는 걸 떠올리면 마음이 싱숭생숭해진다. 그들은 "네 나이가 몇인데"로, "지금 와서 왜 그런 바보 같은 짓을"로, "조금 더 신중하게 고려해 본 다음에"로 포기의 언어를 제시하였을 것이다. 그렇지만 진부하면서도 소중한 사실 하나, 그 누구도 나의 인생을 대신 살아줄 수 없다. 남들의 이야기는 오로지 그들의 경험을 바탕으로 한 것이며, 그러므로 나의 액셀과 브레이크를 밟을 때는 내가 정해야 한다.

그런데도 여전히 누군가는 미나코의 결정을 보며 이렇게 생각할 수도 있다. "너무 무모한 거 아냐?", "만약 그러다가 정말 늦어지면 어떡해?" 그들의 기준에서는 그 말이 완전히 틀리지 않았을지도 모른다. 그러나 미나코가 찾아야 하는 건 그에게 가장 적절한 최선의 속도다. 워킹홀리데이가 생각보다 즐겁지 않더라도, 또는 준비 과정에서 또 다른 길을 찾아 새로운 선택을 할지라도, 혹은 어쩌면 진짜 독일에 가서 전혀 다른 삶을 살더라도 그건 그 나름대로 인생길 위를 가로지르는 그만의 드라이브다. 어디로 가든, 얼마나 빠르든, 언제쯤 멈추든, 모든 건 '업 투 유up to you'다. 거꾸로 말하면, 그건 우리의 것 역시 우리에게 달렸다는 뜻이다.

고속도로에 줄지어 선 수많은 차를 볼 때면, 어린 시절의 나는 늘 궁금했다. 이 기나긴 행렬에서 '가장 첫 번째 차'는 어디에 있을지, 이 차들은 각각 어느 곳으로 향하고 있을지. 단 한 번도 "이 차들 중 어느 차가 제일 빠를까?"라며 물었던 적은 없다. 예전에도 그랬고, 지금도 그러하며, 앞으로도 그럴 것 같다.

평범한 삶이란 무엇일까?

say

김태희 대한민국, 뮤지컬 배우

'평범하다'의 사전상 의미가 '뛰어나거나 색다른 점이 없이 보통이다.'래요. 만약 정말 '평범함'이 그렇게 정의된다면, 세상 그 누구도 평범하지 않다고 생각해요. 한 명 한 명의 삶이 얼마나 다채롭고, 얼마나 다양한 사건들로 채워지는데요. 모두에게는 각자의 뛰어남과 색다름이 있어요. 저는 언제나 특별한 삶을 원했어요. 그냥저냥 살면서 적당히 돈 버는 어른으로 사는 데는 관심이 없었고요. 그러다가 스물네 살이 되며 운 좋게 제가 원하는 대로 조금 독특한 직업을 갖게 됐어요. 뮤지컬 배우가 된 거죠. 제 전공과 직업에 대해 들으면 다들 신기하다고 말해요. 그런데 여덟 살 때부터 레슨을 받고, 영재원을 다니고, 예술계 고등학교와 대학교까지 다닌 저에게는 그 모든 게 당연했어요. 제 주변에는 늘 오만가지 악기, 음악, 무용 등 예술을 공부하는 친구들이 넘쳐났거든요. 그러다 보니 언제부턴가는 제가 도리어 평범하게 느껴지더라고요. 저는 겁도 많고,

자유분방하거나 창의적이지도 않고, 익숙한 걸 선호하고 낯선 걸 꺼리는 사람이니까요. 하지만 이게 저만의 고민은 아니라는 걸 알고, 중요한 건 나 자신의 모습을 있는 그대로 받아들이는 거라는 사실을 깨달았어요. 세상에 '평범한 삶'은 없어요. 어차피 남들과 다르고 보통이 아닌 채로 살 거라면, 차라리 그런 제 인생을 겁내지 않고 사랑해 줄래요.

박정민 대한민국, 서퍼

초등학교 때부터 대안학교를 다녔고, 도시형 마을공동체에서 자란 저는 일찍부터 '평범'이라는 단어와는 거리가 먼 삶을 살아왔어요. 그런데도 세상이 항상 작게만 느껴졌고, 더 큰 세상을 갈망하다가 중학교 2학년이 되어서는 대안교육 현장마저도 뒤로 하고 학교 밖에서 배움을 찾게 되었어요. 보편적이지 않은 나만의 길을 찾기 위해 스스로 헤매길 택한 거예요. 그 이후로 많은 이들이 저에게 "도대체 네 꿈은 뭐야?"라고 묻고는 했는데, 그러면 저는 늘 "꿈을 찾는 게 제 꿈이에요."라고 대답하죠. 사실 아직도 제가 무엇을 좋아하고 잘하는지 잘 모르겠어요. 하지만 그것보다 더 중요한 건 '지금 이 순간 온전히 행복한가?'에 대한 저의 확신인 것 같아요. 삶의 본질을 찾기 위한 저만의 도전은 계속될 거예요. '평범한 삶'은 아니어도, 그 도전들 덕분에 저는 충분히 행복해요. 그리고 앞으로도 저만의 방식으로 행복해지고 싶어요.

　개인적으로 범상치 않은 사람들을 좋아한다. 어딘가 하나씩 핀트가 나가 있거나 나사 하나 잘못 낀 것 같은 이들을 보면 그 희열은 이루 말할 수 없다. 대부분은 그런 사람들을 뚝딱뚝딱 재조립해야 한다고 생각하지만, 나는 나사 하나만 더 빼보시는 거 어때요? 하고 조르고 싶다. 그래서 자꾸 나도 툭하면 내 정신의 나사를 조였다가 풀었다가 꼈다가 야단법석을 친다. 물론 다년간의 사회생활로 제정신인 '척'하는 데는 선수다. 그래봤자 나와 가까운 친구들은 내가 아무리 '요즘은 제정신'이라고 주장해도 심드렁하게 "그려." 하고 만다.

여하튼 평범해지는 건 언제나 내 관심 밖의 일이었다. 한창 몸과 마음이 아프던 청소년기에는 조금이라도 더 멀쩡하게 지냈으면 좋겠다는 꿈이 있었는데, 그 시절에도 '원래 영웅 서사에는 고통이 따른다'며 나를 위로했던 누군가의 말에 내심 흡족해했다. 미국의 성공한 대통령 4인의 이야기를 다룬 책에 링컨 대통령이 10대 중반부터 가문을 빛내고 역사에 이름을 남기는 꿈을 꿨다는 내용이 등장했을 때는 엄청난 충격을 받았다. 헐, 나는 자아가 형성된 순간부터 이렇게 살았는데, 무슨 〈트루먼쇼〉를 찍는 기분이었다. 옆방에 있던 엄마에게 달려가 "세상 사람 전부 이렇게 사는 거 아니었어? 이게 책에서 다뤄질 만큼 이상한 상황이라고?" 물으니, 엄마는 무심한 표정으로 "아무래도 그렇지."라고 대꾸했다. 나는 벙쪄서 입을 다물었다. 적어도 내 주위에는 나만큼이나 특이한 사람들이 넘쳐났던 것도 '인지능력 상실'에 한몫했다. 고등학교를 그만두고 한창 서핑에 빠져 살던 당시 양양 어느 바닷가에서 친구가 된 박정민 님과 평생을 무대에서 살고 싶었던 중학생의 나와 함께 꿈을 키우던 김태희 님은 분명 그 '특이한 사람들'이라는 카테고리에 속한다.

정민 님은 나와 같은 서핑 숍을 다니지는 않았지만, 같은 해변을 마음의 터전으로 삼았기에 오며 가며 이야기를 나눌 때마다 통하는 구석이 있다고 느꼈다. 처음에는 이보다 더 까무잡잡하게 익을 수 없을 듯한 붉게 열 오른 얼굴로 호탕한 웃음을 짓는 게 그의 습관이라 잘 몰랐는데, 종종 나눴던 짧은 대화들을 되짚어보면 그는 삶과 세상에 대해 진중히 곱씹을 줄 아는 멋진 청년이었다. 그런 그의 자세한 스토리는 이번 인터뷰를 진행하며 처음 알게 되었다. 나 또한 학교 밖 청소년으로서의 정체성을 가졌던지라 그가 겪었을 여러 혼란을 이해한다. 소속된 조직 없이 사는 건 많은 불안함을 동반하기 마련이다. 중학생 때 그런 무모하고 강인한 선택을 할 수 있던 기개는 그가 20대 중반이 된 지금까지도 그 심장의 기둥이고 인생의 중추이다. 그 기개를 형성한 굳건한 다짐이 행복에 대한 변함없이 진지한 태도였다. 행복이라는 자신에게 소중한 가치를 지키는 게 그에게는 평범함의 편안함보다 훨씬 어려우면서도 즐겁다. 정민 님같이 불안하게 흔들리고 망설이면서도 그걸 인정하고 본인의 원동력으로 뒤바꾸는 사람은 드물다. 세상은 이러한 특별함과 굳건함을 정상의 틀에 갖다 대며 쉽게 지나친다.

 태희 님은 이러한 '특별함'이라는 말에 가장 알맞은 친구 중 한 명이다. 뮤지컬 학원과 영재원 중 어디서 그와 처음 만났는지는 가물가물한데, 적어도 그의 노래를 듣는 순간 입이 떡 벌어지고 이런 애를 천재라고 하는 거구나, 라고 생각했던 건 잊지 못한다. 동갑내기 친구임에도 나에게는 항상 동경의 대상이자 최고의 뮤지컬배우였고 그 생각은 아마 앞으로도 절대 변하지 않을 것이다. 그런 그는 평범함의 사회보다는 특별함의 사회가 더 익숙하다. 예술의 아름다움에 매혹된 이들 사이에서 사는 건 "내가 너무 별난 건 아닐까?" 대신 "내가 너무 무난한 건 아닐까?"를 질문하는 삶이다. 언제나 주인공을 도맡아 하고, 무대에서도 가장 새하얗고 강한 스포트라이트를 받는 게 당연했을 그 역시도 자기 존재의 색깔을 필연적으로 고민해 왔다. 그 과정에서 역으로 평범해 보이는 삶 역시도 절대적으로 평범하지는 않다는, 평범함이라는 단어로 인해 억눌려진 다채로움을 발견한 것 같다. 태희 님의 말이 맞다. 가장 보통의 인간 안에도 남들이 갖지 못한 불꽃이 있다. 그러니 평범함은 사회가 만들고 강요하는 허상일 뿐이다.

아무리 개성에 관한 논의가 서서히 무르익는다고 해도, 한국은 특히나 몰개성을 당연한 미덕으로 받아들이는 곳이다. 지하철을 타면 무채색 옷을 입은 사람이 80퍼센트, 인기 맛집과 일회성 팝업스토어에 몇 시간을 줄 서는 건 기본. 인생은 웬만하면 남들처럼 정해진 루트를 걸어야 하고, (도대체 그 루트는 누가 제일 처음 시작했을까? 의문이다.) 대학 진학률은 갈수록 무의미하게 높아지며, 조금이라도 눈에 띄면 '오버한다'라는 말이 꼬리표처럼 따라붙는다.

그놈의 평범함이 뭔지는 모르겠지만 평범해지기를 이토록 강제하는 사회는 거의 없을 것이다. 아무리 백날천날 '창의융합 인재발굴' 노래를 불러대도, 꿈과 열정을 좇는 사람에게는 "정신 좀 차려."라는 말을, 한계까지 부딪히는 사람에게는 "왜 사서 고생을 해?"라는 질문을 던지는 나라에서 그런 이들의 등장을 기대하는 것 자체가 아이러니다. 미술 천재에게 입시 미술을 시키지 않고 과학 영재를 과학고에 덜 보내기만 해도 지금보다 훨씬 큰 정신적 풍요와 명랑한 가능성이 이 나라에 모습을 드러낼 거라고 확신한다.

강박적 평범함으로부터 한국 사회 전체가 탈출하는 날, 우리는 그다음 단계로 도약할 수 있다. 나는 정말이지 '제정신이 아니라서 가장 제정신인 사람들'을 더 많이 보고 싶다.

하고 싶은 게 없다면
어떻게 해야 할까?

정나라 대한민국, 방사선사

꽤 긴 시간 동안 저는 제가 하고 싶은 게 없는 줄 알았어요. 그런데 사실은 하고 싶은 게 없다기보다는, 원하는 것을 찾고 해내기 위해 노력하는 걸 꺼렸던 것 같아요. 사소하고 작은 게 아닌 거창한 야심과 목표가 있어야 한다고 생각했고요. 그 부담감이 오랜 기간 저를 짓눌러 왔던 게 아닌가 해요. 남들에게는 별거 아닌 것처럼 보여도 나에게 중요하고 내 마음이 이끈다면 그걸 향해 최선을 다하면 되었을 텐데 말이에요. 아마 저와 비슷한 이유로 자기 심장을 뛰게 만드는 것이 무엇인지 모른 채 살아왔던 사람들이 많을 거예요. 시작하기 두렵고 귀찮아서 결국에는 끝까지 미루기만 하고, 막상 마음이 동하는 걸 발견하더라도 화려하지 못한 일이라 괜히 마음에 담아두는 거죠. 정말 하고 싶은 게 없는 건지, 아니면 있는데도 그저 회피하는 건지 잘 살펴보는 게 우리가 풀어나가야 할 숙제 아닐까요?

나를 포함해 2002년생의 학교생활은 다이내믹하고 드라마틱했다. 여러 교육과정 개편이 맞물리며 이전에는 없던 제도나 프로그램이 한꺼번에 대폭 늘어났고, 아이들의 진로 찾기에 도움을 주겠다는 목적으로 도입된 '자유학기제'도 그중 하나였다. 내가 다닌 중학교가 자유학기제 시범학교로 선정되면서, 나와 친구들은 자유학기제의 첫 번째 경험자라는 영광(?)의 타이틀을 얻었다.

벌써 9년이나 흘러 중학교 2학년 때 시행한 자유학기제가 얼마나 그럴듯했는지 정확히 기억은 안 나지만, 별로 떠오르는 게 없는 걸 보면 그다지 인상적이지는 않았나 보다.

당시에도 이미 한국의 정형화된 교육 체계에 의문을 가졌던 나는 자유학기제의 의의 자체에는 깊이 공감했으나, 자유학기제 덕분에 꿈이나 좋아하는 걸 찾을 거라고 여기지는 않았다. 물론 첫해였으니 그 후로는 부족한 부분의 개선과 보완으로 상황이 나아졌을지도 모른다.

사실 자유학기제가 아니어도 나는 언제나 호불호가 명확했고, 나의 장단점을 확실히 안 채로 살아왔다. 우선 좋아하는 건 책, 정치, 사회와 역사, 70~80년대 록 음악, 연극과 뮤지컬, 날씨 좋을 때 혼자 광화문 일대 산책하기, 무계획 배낭여행, 카피바라, 낯선 사람과의 대화, 지하 주차장 냄새, 초콜릿 아이스크림, 술 한 잔도 안 마시고 친구들과 밤새워서 놀기. 싫어하는 건 수학, 배드민턴, 종이접기, 차별과 혐오가 습관인 사람, 크기가 너무 큰 알약, 카레에 들어간 당근, 완두콩, 강남역 인근, 테이블이 낮은 카페 등등. 장단점을 하나씩만 말하자면, 웬만하면 용기 있게 무언가를 시도한다는 것과 지나치게 끈기가 없어서 뒷심이 약하다는 것. 그래서 내가 무엇을 하고 싶은지도 그냥 물 흐르

듯 알게 됐다. 나와 달리 자신의 니즈를 평생 수수께끼로 묻어둔 채 사는 이들도 많으니 나는 상당히 운이 좋은 셈이다.

나의 가장 친한 친구인 정나라 님은 그 모든 변천사와 히스토리를 곁에서 전부 지켜본 사람이다. 그와 그의 쌍둥이 언니는 내 초등학교 동창으로, 내가 학교 최고의 왈가닥이었던 시절부터 조금 이상한 스물넷이 되기까지 항상 함께였다. 한창 정신적으로 힘든 시간을 버티며 삶의 무상함을 복기하던 때에 밤마다 울며 전화하던 나의 이야기를 말없이 들어주었던 것도, 더하기 빼기도 겨우 하던 나를 붙잡아두고 의리 하나로 매일 밤 수학 과외를 해주던 것도 그였기에 어떤 면에서는 가족보다도 더 가깝다.

그렇지만 우리의 삶의 궤적은 정반대다. 내가 학교를 관둔 채 몇 년 내내 앞뒤 안 가리고 이곳저곳을 방랑하며 지낸 반면, 그는 인문계 고등학교와 대학을 졸업하고 일찍이 취직에 성공해 방사선사가 됐다. 어느 날은 우리 집에 놀러 와서 수능 준비 때문에 고생이 많다며 자신의 월급으로 비싼 초밥 세트를 턱 주문해 줬는데, 뭐랄까, 내 친구인데도 진짜 대박 쿨해 보였다. 네 자매의 셋째인 그가 진로 계획을 세우던 고등학생 시기에 그의 두 언니가 모두 병원에서 근무했으니 방사선과 진학은 자연스러운 수순이었다. 그의 꿈이 방사선사였던 건 아니지만, 그렇다고 하고 싶은 걸 포기하고 방사선사가 된 것 역시 아니다. 종종 그에게 넌 뭘 하고 싶으냐고 물으면 그는 딱히 없다고 대답했다.

그러다가 봄 초입에 그로부터 전화가 왔다. 평소처럼 심심해서 연락했다기에는 목소리에 심각함이 깔려 있었다. 무슨 말을 하려나 궁금했는데 전화기 너머로 예상치 못한 내용이 전해졌다. "퇴사하고 잠깐 일 쉬면서 편입 준비할 생각인데 어때?" 나는 이유는 묻지도 않고 무조건 찬성이라며 손뼉을 쳤다. 이제는 전과는 다른 무언가에 도전해 보고 싶다고, 합격할지는 모르겠지만 그래도 지금이 아니면 안 될 것 같다고 얘기하는 목소리에서 진심이 느껴졌다. 삶의 질문지에서 '하고 싶은 것'에 관한 부분은 늘 빈칸으로 남겨 놓았던 사람이 펜촉을 들고 답변을 고민하는 걸 보니 상당히 기뻤다. 그게 그여서 더욱 그랬을 것이다.

나라 님처럼 이제 조금씩 전과 다른 시선으로 자신의 미래를 그리기 위해 걸음을 옮기는 사람이라도, 자기 심장을 조금 더 빨리 뛰게 하는 무언가는 항상 있었을 테다. 하지만 '하는' 건 동적인 행위다. 정신과 신체 중 최소한 하나는 (혹은 둘 다) 활용하게 된다. 동적인 행위에는 에너지와 시간이 따르고, 에너지와 시간을 소비하면서 인간은 당연히 다른 선택이 불러올 결과를 생각한다. 많은 상황에서 제일 먼저 고려하는 건 생산성이다. 모든 행동이 돈을 벌고 명예를 쌓고 사회가 인정하는 형태로 진행되어야 하는 게 아님에도 우리는 마치 습관처럼 행동의 가치를 따진다. 그 가치 판단 과정에서 비생산적인 열정들은 인생의 골방으로 밀려난다. 하고 싶은 게 있는데도 전략적으로 '하고 싶은 거 없음'의 껍데기를 뒤집어쓴다. 번지르르하지 않다는 이유로 자기 자신으로부터도 외면당하고 마는 것이다.

게다가 한국 사회에는 해야 하는 일들에 관한 정확한 틀이 존재하고 그게 하고 싶은 일보다 훨씬 중요하게 다뤄진다. 무엇을 하고 싶은지 알기 위해서는 자기 내면을 탐색하는 훈련의 선행이 필요한데, 알맹이의 질보다는 포장지의 가격에 더 집중하는 세상에서 '자아 찾기'의 폄하와 훼손은 일상이다. 상황이 이러니 정체성이 형성되는 10~20대에는 오히려 (주입식 교육 정도가 아니라) 주입식 삶을 살다가, 사회에서 홀로 설 무렵에야 지금껏 자기 자신이라고 여기던 페르소나가 진정한 자기 자신과는 전혀 별개의 인물이라는 사실을 확인하고 미지근한 좌절감을 맛보는 사람들이 심심찮게 등장한다. (내 주변을 기준으로) 주로 성적에 맞춰 선택한 전공과 본인 사이의 괴리감을 느끼게 되는 20대 초반이나, 평생을 같은 직업으로 살아야 한다는 생각에 눈앞이 아득해진 30대 언저리에서 자주 나타나는 현상인 듯하다.

결국 나라 님이 자기 경험을 토대로 말했듯이, '진짜로' 하고픈 게 없는 사람은 없다. 하다못해 뉴욕으로 여행을 가고 싶다거나, 좋아하는 연예인을 만나고 싶다거나, 취미로 베이킹을 배우고 싶다거나, 자신의 책을 쓰고 싶다거나,

11자 복근을 갖고 싶다거나. 뭐 이런 자그마한 소망도 꿈이고 열정이고 욕망일 수 있다. 그저 그 마음을 작고 작게 줄이고 또 줄이는 데 지나치게 익숙해져서, 나란 존재는 내가 누구인지도, 어떤 때 행복할 수 있는지도 모르는 무지한 사람이라고 무력하게 받아들이게 되는 것뿐이다.

그래도 기회는 문득문득 얼굴을 내민다. 내가 원하고 바라는 걸 인지하고 포용한다면 세상은 또 전혀 다른 나를 거울처럼 비춰줄지도 모른다. 확신컨대 이미 우리의 마음은 아주 잘 알고 있다. 아주 작은 심장 박동이라도 내 가슴을 뛰게 하는 게 바로 '하고 싶은' 무언가다. 굳이 직업이나 일일 필요도 없다. 사회가 말하듯이 무턱대고 쓸모 있을 필요는 더 없다. 나를 나로, 당신을 당신으로 만들어주는 찰나를 선물해 주는 힘을 가진 것만으로도 충분하다. 다만 그 순간을 놓치지 않고 낚아채는 건 우리에게 달렸다.

언젠가 마르그리트 뒤라스가 말했다. 우리는 우리가 행하는 것과도, 우리가 생각하는 우리와도 완전히 일치하지 않는다고. 그 사실을 수긍하는 건 겁나는 일이지만, 용기를 낸다면 삶이라는 여행의 방향키는 당신에게 쥐어진다. 이 열망이 우리를 어디로 이끌지 알 수는 없어도, 나도, 나라 님도 그 방향키를 잡기 위해 부단히 애쓰고 있다. 그렇게 조금씩 '우리'와 '우리'가 가까워져서, 끝끝내 일치한다면 좋겠다.

안정적인 삶만이 정답일까?

say

A　미국, 환경운동가, 도시 농부
J

　안정된 삶은 편안함과 효율을 주지만, 장기적으로는 정체와 권태로 이어질 수 있고, 자유로운 삶은 자극과 다양성을 주지만 외로움과 불안정이 따르기도 해요. 젊을 때 여러 경험을 하면서 자신을 탐색하는 건 중요하죠. 그렇지만 끊임없이 새로운 것만을 좇다 보면 뿌리 내리는 게 어려워져요. 사람은 나이가 들수록 공동체와 안정을 갈망하게 되잖아요. 현대 사회 자체가 안정적인 구조와 안정적인 노동 및 소비를 장려하고요. 하지만 다양성에 대한 열린 시선을 갖추지 않으면 폐쇄성은 더욱 강해질 수밖에 없겠죠. 그래서 저는 지역 공동체와 세계화가 공존하는 '글로컬라이제이션glocalization'을 이상적인 사회적 시스템으로 봐요. 안정적인 공동체를 토대로 꾸려 나가되, 주기적으로 시야를 넓혀 줄 수 있는 더 큰 세계와의 접점을 찾는 태도가 필요한 게 아닐까요?

마커스 Marcus, 덴마크, 소방관

안정적인 삶에 대해서 논의하려면, 안정적인 삶이 과연 무엇인지 먼저 정의하는 게 필요한 것 같아요. 저에게 안정적인 삶이란 예측 가능성을 바탕으로 운영되는 삶이에요. 물론 미래를 명확히 알 방법은 전혀 없지만, 중요한 건 예기치 못한 일이 발생하더라도 대처 방법을 알고, 나 자신과 다른 이들에게 도움을 줄 수 있는 인생의 체계를 마련하는 거예요. 다른 사람들은 어떻게 생각할지 몰라도, 계속해서 삶과 미래에 대비하고 갑작스러운 상황에 언제든지 맞설 수 있는 태도를 배우는 것만큼 중요한 건 없을 거예요.

 나는 이상한 꿈을 자주 꾸는데, 며칠 전에 낮잠을 잤던 날도 마찬가지였다. 꿈에서 은행원이었던 내 앞에 어느 날 공룡 한 마리가 적금을 들겠다며 찾아왔다. 생김새도 기억난다. 귀가 뾰족하게 서 있고, 발이 아주 작아 펜을 들 수 없어서 내가 대리로 서명을 해줬다. "요즘은 공룡도 적금을 드네요?"라는 내 물음에 공룡은 머쓱하게 웃더니 대답했다. "멸종하지 않으려면 어쩔 수 없죠."

 사실 꿈은 꾸는 사람의 무의식이 반영되는 거울이라더니, 나도 모르는 새에 이미 지구상에서 사라진 공룡의 생활까지 걱정했던 걸까? 그 꿈에서 나는 '공룡까지도 미래와 노후를 신경 쓰는 세상이 왔구나.'라며 이상한 씁쓸함을 느꼈던 것 같다.

공룡이 자신들의 멸종이 다가왔을 때 그 사실을 알았을 가능성은 없겠지만, 인간은 조금 다르다. 적어도 청년 세대는 앞으로의 비전을 걱정하고 있다. 뭐, 청년이 걱정 없이 잘 먹고 잘살기만 하던 시대가 있기야 했냐만, 지금 걱정은 이전의 그것과는 확실히 결이 다르다.

솔직히 말해서, 일제강점기나 한국전쟁 전후에 청년으로 살았던 이들에 비하면 21세기 청년들의 고민은 별것 아니라고 여겨질지도 모른다. 그 당시 청년들은 자기 몸도 하나 건사하기 어려운 나이에 가족까지 부양했으니, 당장 생존하기에도 바쁜 와중에 몇 년 후를 이야기하는 것 자체가 사치였다. 고작 20~30대 전후였던 나의 할아버지들은 한 분은 월남전에 참전해 생사가 오갔고, 한 분은 중동의 건설 현장을 다니며 10년 가까운 세월을 보냈다. 그러는 동안 내 나이 언저리였던 양가의 할머니들은 집안 살림을 도맡아 하며 억척스럽게 가정을 돌봤다. 근데 지금 나는 카페에 앉아 한 잔에 5천 원짜리 음료를 마시며 이 글을 쓰는 중이다. 과거 청년들이 봤다면 한가롭기 그지없는 삶이다. 그러나 누군가의 말처럼, 세상 모든 사람에겐 각자의 십자가가 존재한다. 그리고 모두 자기 십자가야말로 가장 무겁고 짊어지기 어렵다고 느낀다.

언젠가 할머니에게 "할머니, 할머니는 도대체 그 힘든 시간을 어떻게 견뎠어요?" 하고 물었을 때, 할머니는 "내가 보기엔 요즘 젊은 애들이 더 힘들어."라고 답하셨다. 아무리 생각해도 그럴 리가 없는데, 할머니는 계속 요즘 젊은 애들 사는 게 안타깝다고, 다들 힘들어서 어떡하느냐고 했다. 할머니는 갓난아기 때 증조할아버지 등에 업혀 전쟁 피난길에 올랐고, 호랑이가 종종 나타났다던 외진 시골에서 장녀로 살면서 넷이나 되는 동생들을 돌봤다. 할머니 말씀으로는 그때의 할머니, 청년 신지수에게는 '그래도 삶이 나아질 거라는 희망'이 있었단다. 신지수의 남편에게도, 신지수의 옆집 친구에게도, 신지수의 마을 언니에게도. 물론 평생을 그녀가 태어난 마을에서 평생 같은 일만 하며 살게 될지도 모르지만, 그럼에도 꿈이 살아 숨 쉬는 찬란한 모습의 '도시'를 동경했고, 넉넉하지는 않아도 단란하고 다정한 형태의 '가정'을 꿈꿨다. 안정적인 삶으로 가는 길 자체가 도전이었으며, 그 도전은 모든 것을 걸 만큼 궁극적인 목표였다.

  하지만 지금은 그렇지 않다. 김밥 한 줄이 4천 원을 상회하고, 영화 티켓 한 장에 2만 원 가까운 금액을 내야 한다. 물가가 올랐다는 건 사회의 경제적 여력이 좀 더 나아졌다는 뜻이고, 그렇다면 삶의 질 역시 올라가야 할 텐데 주변 친구들의 얼굴을 보면 어쩐지 우울하다. 내가 나고 자란 동네에는 상대적으로 생활 여건이나 환경이 좋은 친구들이 많은데도 사회에서 자기 자신이 1인분을 할 수 있을 거라는 기대를 곱게 접어두는 경우가 많았다. 그들은 더 나아질 쪽으로 고민하기보다는 '안전한 선택' 쪽으로 방향을 잡는다. 이상한 일은 아니다. 그게 정답이라고 배웠으니까. 너희의 십자가는 한없이 가볍고 들기 쉬우니, 바뀐다느니 변한다느니 하는 이상적인 말 따위 잊고 3분 카레처럼 간편한 십자가만 골라서 들면 된다고 말이다.

　근데 정말 지금의 청년들은 '멸종할 걱정 따위'는 안 해도 되는 걸까? 도전하고, 부딪히고, 새로운 상상을 펼치는 일은 멍청한 짓이니까? 좀비가 창궐하지 않는 이상 당장 내일의 한 끼를 어떻게 처리할지 골몰하게 되지는 않을 것이며, 결국 끝에 가서 돌아보면 우리의 윗세대가 피땀 흘려 만들어낸 안정성을 포기하는 건 바보 같은 일이니까? 여기서 잠깐, 그래서 도대체 '안정성'이란 뭘까? 우리의 질문을 거기서부터 다시 던져 보자.

　AJ와 마커스에게 '안정적인 삶'의 개념은 남들과 조금 다를 수밖에 없다. 캘리포니아에서 성장한 AJ는 지속가능성을 최우선으로 고려하는 농법과, 친환경적인 라이프스타일을 추구하는 커뮤니티를 찾아 말 그대로 전 세계를 여행하다가 미국으로 돌아가 젊은 예술가들의 혼이 넘실대는 도시인 오리건주 포틀랜드에 정착했다. 그는 자신의 고향인 캘리포니아와는 전혀 다른 생활상을 보여준 케냐에서의 시간을 소중히 생각한다. 외형적으로만 보면 케냐는 상대적으로 발전이 덜 된 곳이지만, 공동체 문화와 전통을 기반으로 한 끈끈한 유대감을 따지자면 그 어느 나라보다도 풍요로웠다. 안정성이란 그러한 개인 사이의 연대로 이루어진 커뮤니티 내의 다양성을 존중하면서도, 한편으로는 세상을 향한 문 또한 늘 열어두는 것이라고 AJ는 설명한다. 새로운 인생의 여정을 떠날 가능성은 늘 가슴에 품되, 돌아올 자리를 마련해 두는 일도 스스로 일궈야 할 결과물이며 사회가 그 두 가지를 함께 격려해 주어야 한다는 게 AJ의 의견이다.

마커스의 터전인 덴마크는 어찌 보면 세계에서 가장 쉽게 안정적인 삶을 만들어나갈 수 있는 나라다. 많은 세금을 내지만 그만큼 임금이 높고, 학력보다는 노동력에 더 초점을 맞추어 시민이라면 누구나 사회 안전망을 폭넓게 누린다. 바로 그 점이 덴마크의 '지나친 안정 추구' 분위기를 만든다. 남들과 다른 인생을 선택하거나, 평안한 일상을 포기할 각오로 무언가를 시도하는 게 쓸모없는 일처럼 치부된다. 그런 사회에서 마커스는 영위 대신 일탈을 골랐다.

기존의 직업 대신 자신이 항상 바라왔던 소방관이 되는 걸 목표로 삼아 몇 년간 꾸준히 노력했다. 사람들은 마커스의 결정에 물음표를 던졌지만, 마커스는 자신의 꿈을 향해 달리는 게 결국 안정적인 삶의 기반이 될 거라고 여겼다. 어떤 일을 포기하지 않고 계속해서 해내는 의지와 그 일을 이뤄냈을 때 얻는 자신감, 즐거운 일을 하는 기쁨이 어려운 상황에서도 고개를 꼿꼿이 들게 했다. 이런 것들이 매 관문을 헤쳐 나갈 내면의 안정을 불러 온다는 사실을 의심 없이 믿었던 것이다. 그 결과, 마커스의 꿈은 현실이 되었다.

AJ와 마커스가 찾아낸 안정적인 삶은, 한국 사회, 더 넓게는 지금 현대 사회가 말하는 안정적인 삶과는 말의 모양만 같을 뿐 뜻은 전혀 다르다. 두 친구가 말하는 안정성의 원천은 자기 자신과 공동체에 대한 신뢰로부터 시작된다. 남들이 볼 때는 조금 무모해 보일지라도 본인이 중심을 잡을 수 있다면, 오늘과 내일의 목적지가 다르고 도착지의 토양이 척박해도 그곳에 함께 뿌리내릴 사람들이 있다면 그게 안정의 정의이고 형태이다.

이렇게 곱씹으니 틀렸던 건 '안정적인 삶만이 정답이냐'는 나의 질문이었음이 명백해진다. 안정적인 삶이 정답인지 아닌지 따지는 것보다 중요한 건 무엇이 안정적인 삶인지를 찾아가는 과정인 것 같다. 남들이 시세 오를 거라고 이야기하는 재개발 구역 부동산을 사는 것도 좋지만, 발 디딘 그 땅이 내 마음의 평화를 불러오는 삶의 대지라면 거기 머무르는 것도 나름 안온하고 아름답지 않은가.

바다의 서퍼들이 이야기하길, 아주 알맞은 타이밍과 속도로 파도와 손을 잡는 순간, 거친 움직임이 빠르게 멎어들 듯 평이해지고, 그 위에서 생각보다 편하게 중심을 잡을 수 있다고 한다. 가장 안정적이지 못한 곳이 그 어느 곳에서도 느낄 수 없는 안정감을 선사하는 경이로운 장면이다. 사람은 파도를 만들 수 없기 때문이다.

그러므로 우리는 파도 타는 법을 배워야 한다. 파도를 타는 건 어떤 파도가 오더라도 그 앞에 거침없이 뛰어들 수 있는 당찬 의지, 나의 파도가 맞는지 알아채는 판단력,

파도가 내미는 손을 맞붙잡을 원동력을 가진 이에게만 허락된다. 그렇게 삶의 파도를 올라타는 연습을 하다 보면, 사회가 명명한 안정을 초월하여 나만의 균형에 직면하는 시간이 찾아올 테다.

지금 우리는 각자의 불안정 속에 오롯이 자신의 정답이 되어줄 그 기적 같은 한 번의 파도타기를 기다리고 있는 거라는 말을, 어디선가 또 삶의 미로를 헤매는 이름 모를 청년들에게 전해 주고 싶은 밤이다.

공부의 의미는 무엇일까?

say

김예은
대한민국, 건축학·주거 환경학 전공

  공부는 보통 학술 연구를 목적으로 하는 것과 그렇지 않은 것, 두 가지로 나눌 수 있어요. 대체로 많은 사람이 일반적으로 떠올리는 공부란 후자에 속하죠. 유소년기에는 자립을 위한 최소한의 지식 교육을 받았고, 중학생이 되어서는 오로지 공부 잘하는 학생이라는 지위를 유지할 목적으로 공부했어요. 고등학생 때 공부는 대학 진학에 활용할 수단 그 이상 그 이하도 아니었고요. 아마 대부분이 저와 비슷할 거예요. 한국의 학생들은 사춘기에 다양한 삶의 방식을 여러 방면에서 접할 기회를 잃은 채, 그저 입시제도 내에서 모든 공부를 수행해요. 눈여겨봐야 할 점은, 이러한 사회적 분위기 때문에 정형화된 틀에 맞지 않는 타인을 무시하거나 혐오하는 분위기도 점점 강해지고 있다는 거죠. 정해진 교육과정을 성실히 따라가며 대학에 입학할 때까지 거친 시간은 무척 고통스러웠지만, 전 다시 돌아가도 그저 열심히 공부할 것 같아요. 그 과정이 없었다면 학술적 의미를 지닌 공부의 즐거움을 깨닫지 못했을 테니까요. 그럼에도 지금의 체계에서 비롯되는 사회적 문제와 학생들의 정서에 영향을 미치는 그릇된 고정관념들을 개선하려는 노력은 필수적이라고 생각해요.

say

레 Laerke, 덴마크, 한국학·IT 전공
아
케

공부는 평생 이어지는 거잖아요. 우리가 열정을 품는 대상이 될 수도, 호기심과 야망을 불러일으키는 원동력이 될 수도 있고요. 동시에 책임감이나 부담으로 다가올 가능성도 충분히 존재하죠. 예전에는 공부가 하나의 의무적인 행위로만 느껴졌어요. 그러다가 대학에 진학해 한국학을 전공하면서, 공부를 즐거운 여정으로 받아들이게 됐어요. 제 열정과 맞닿은 것을 탐구하며 학습이 의무가 아닌 설렘으로 다가왔고, 소중한 지식과 친구들도 얻었죠. 좋아하는 걸 깊게 고민할 기회를 얻게 된 건 엄청난 특권이라고 생각해요. 모두에게 주어지는 게 아니라는 것도 알고요. 이제는 예전처럼 '공부할 기회'를 갖는 게 어렵지는 않지만, 그래도 한편에는 현실적 제약이나 사회적 차별로 인해 자신의 잠재력을 펼치지 못하는 수많은 인재가 있다는 건 분명해요. 그런 점에서 공부는 하나의 '사치'죠. 그리고 저는 이 '사치'가 모두에게 열려 있길 바라요.

 나는 상당한 '고학력자' 집안에서 자랐다. 나에게 DNA를 제공한 바로 위 직계 존속 두 사람, 부모님은 어디 가서 밀리지 않을 만한 학력을 가진 분들이다. 그중에서도 아빠는 대한민국 사람들이 그렇게 노래 노래를 부르는 SKY 대학 중 한 곳에서 학부를 시작해, 공식적으로 박사까지 마쳤다. 요즘은 어지간하면 다들 대학원에 진학하는 추세이지만, 내가 어렸을 때는 친구들 부모님 중 박사 과정을 밟은 분을 찾기 어려웠다.

 그래서인지 어린 시절 나에게 아빠는 '서재에서 눈을 절반이나 작게 만드는 두꺼운 안경을 쓰고 비염 때문에 휴지를 산더미처럼 쌓아 놓은 채 책을 읽는 사람'이었다. 다른 말로 하면, 아빠는 늘 공부 중이었다는 소리다. 머리가 좀 크기 전까지 아빠에게 딱히 유대감을 갖지 못했던 이유도 여기에 있지 않을까 싶다.

그때만큼은 아니지만, 내가 스물넷이나 먹은 지금까지도 아빠는 여전히 공부를 멈추지 않는다. 물론 내가 보기에 진짜로 공부 좀 해줬으면 하는 것들은 뒤로 제쳐두는 경향도 있으나, 살면서 아빠처럼 계속 공부하는 사람은 거의 본 적이 없다. 봤어도 전부 아빠 친구들이다. 그러니까 이건, 역시 사람은 끼리끼리 어울린다는 소리다.

아차. 오해의 소지가 있을 것 같아 분명히 해두는데, 결코 비아냥대는 게 아니다. 말은 언제나 이렇게 투덜대며 뱉어도 나는 아빠를 진심으로 존경한다. 무언가를 평생에 걸쳐 파고들 열망을 가진다는 건 얼마나 거룩하고 축복받은 일인가. 그러나 아빠를 대단하게 만드는 건 그의 인생이 단순히 열망하는 일에서 끝나지 않았기 때문이다. 아무리 힘든 순간에도 자신이 믿고 사랑하는 것을 포기하지 않고 꼿꼿이 나아가기를 반복했다. 그건 모두에게 허락된 의지가 아니다. 그래서 특별하고 빛이 난다.

예전에는 아빠를 죽어도 이해할 수 없을 것 같았다. 아니, 실은 아직도 이해할 수 없을 때가 많다. 한국 사회에서 청소년에게 공부는 입시 레일을 달리는 기계운동을 그럴듯한 단어로 포장해 놓은 것일 뿐이다. 슬프게도 이는 학년이 올라갈수록 더 선명해진다. '공부'가 '배움의 기쁨' 혹은 '아는 것이 힘'이라는 소리는 조선 시대 한문 경구 같은 소리다. 식민지 어려운 환경에서도 우리말과 역사를 알기를 포기하지 않던 100년 전의 청소년들, 다락방에 모여 앉아 촛불 하나에 의지한 채 더 나은 세상을 골몰하던 야학 정신은 비싼 영어 유치원과 대치동 학원가에 잠식당해 아득한 전설처럼 느껴질 뿐이다. 한국 사회의 교육 시스템에는 입시라는 맹목적 교리만이 남아 있다.

이런 현실을 타개하겠다며 나선 새로운 형태의 학교들도 종종 눈에 띄지만, 내가 보기엔 그 또한 '학교를 대체하기 위해 만들어진 학교', 즉 기존의 것과 크게 구분이 되지 않는다. 캠퍼스가 없고 전 세계를 돌아다니는 학교라는 콘셉트로 설립된 후 개교한 이래 지금까지 극악의 입학률을 자랑하는 미국의 모 대학에 다니는 친구의 말에 의하면, 같은 학교의 한국인 학생들은 치열한 경쟁에만 익숙하지 정작 무엇을 배우고 갈고 닦고 싶은지는 잘 몰라서 내내 헤맨다고 한다. 한국에도 '트렌드'를 따라 유사한 대학이 등장했으나 기존의 사립대학에서 총장을 역임했던 학자가 책임자인 데다가 기존의 대안 대학들과 차별점도 갖지 못하기에 개인적으로는 전혀 기대가 없다.

이런 세상에서 아빠는, 그리고 계속해서 공부를 이어가는 친구들은 어떤 마음가짐으로 나아가는 걸까? 정도만 다를 따름이지 결국은 모두가 입시의 성공 사례로서 거듭나야 하는 우리네 세상에서 공부는 정말 '제도권 교육' 이상의 의의를 지닐까?

김예은 님은 예나 지금이나 내 주변에서 가장 성실한 학생 중 한 명이다. 본인에게 주어진 일을 묵묵하고 꾸준하게 해나가는 성정 덕분에 학교에서도 항상 상위권을 차지하던 그는, 명문 대학에 합격한 후로도 계속 자신의 방식으로 열심히 학업을 지속했다. 내 동생이 고등학교에 입학하고 입시 문제로 가족 모두가 골머리를 앓을 때도, 또 내가 몇 년 만에 처음으로 수능을 준비할 때도 그의 조언은 큰 도움이 되었다. 한계까지 자신을 밀어붙이며 노력해 본 사람만이 알 수 있는 면면들이 예은 님에게는 익숙하고 당연하다. 그런 그에게도 학교생활과 입시 준비는 녹록지 않았다. 특히 그가 미대를 준비하며 예체능 실기도 병행해야 했던 고등학교 시절은 만만찮은 시간으로 기억된다. 다시 돌아가도 그 기나긴 과정을 다시 거칠 거라고 말하는 단호함은 최선으로 채워진 그의 매일매일 덕분일 테지만, 그래서인지 그는 이 거대한 입시 체계가 사회 안에 똬리 튼 모양새를 온전히 인지하고 있다. 그가 다른 이들처럼 '시스템을 전복하자'라고 주장하는 대신 "현재의 교육 체계에서 아이들이 더 안정적이고 건강하게 살 방법을 찾아야 한다."라고 말하는 건 그가 이 세계를 제대로 경험해 본 당사자이기 때문이다.

상대적으로 교육 선진국으로 여겨지는 덴마크가 고향인 레아케도 제도권 교육 탓에 많은 부담과 압박을 안고 살았다. 우리에게는 대학쯤 안 가도 살 만한 곳으로 인식되는 나라인 덴마크에도 나름의 고충은 존재하는 법이다. 그에 따르면, 도리어 너무나도 안전하고 담백한 학교 시스템이 덴마크 사람들을 보수화한다. 자신이 진정 원하는 공부가 무엇인지 모험하고 시험하는 건 '굳이?'라는 반응을 불러일으킨다. 그런데도 레아케는 아시아, 그중에서도 한국에 관한 관심으로 유럽에서 제일가는 명문 연구 대학 중 하나인 코펜하겐 대학의 한국학과에 입학했다. 개설된 지 얼마 안 된 신설 전공인 데다가 타국의 역사, 문화, 사회와 언어를 배운다는 게 주는 메리트가 무엇인지 이해하지 못하는 사람들도 더러 만났다고 한다. 그래도 그에게는 본인의 열정이 흘러가는 방향을 따르는 게 공부였고, 그 의지는 IT와 소프트웨어라는 전혀 다른 전공의 석사 과정을 밟으면서도 지속되는 중이다. 이제 그는 자신의 역량으로 덴마크와 한국 사이에 가교를 놓을 꿈을 꾼다.

비슷한 듯 다른 삶을 산 두 친구는 공부라는 키워드를 원망한 경험도, 그 좌절감을 기반으로 다시 일어서서 자신만의 공부의 뜻을 찾은 경험도 있다. 해도 해도 어렵고 가끔은 숨이 턱턱 막혔을 것이다. 주저앉고 싶은 순간도, 그러다가 또 어디서도 만나지 못할 희열을 마주하기도 했을 것이다. 그 모든 과정 끝에 나름대로 자신만의 말로 공부란 무엇인지 정의하게 된 건, 제도권 교육을 넘나들며 겪은 어려움 속에서 어떻게든 본인만의 해야 할 이유를 붙잡기 위한 '애씀'이었을까. 두 친구의 이야기에서 '의미'를 넘어서는 '의지'가 일렁인다. 그들이 자신들이 얻은 '치열할 수 있던 기회'가 아무에게나 주어진 것이 아니라는 걸 이해하는 이들이기에 그 '의지'는 더 빛이 난다.

그렇지만 정형화된 과제 앞에서 이토록 끈질기게 자신만의 답변을 찾아가는 이들에게 우리 사회가 내뱉는 말은 참으로 여전하다. 삶과 세상과 나의 의미를 발견하려는 데에 시간을 쏟지 말고, 그저 '그럴듯한 인간'이 되어 '그럴듯한 결과'를 내놓으라며 독촉하는 게 전부다. 덕분에 질문은 소멸하고, 질문하는 사람은 바보고, 무수한 답은 하나로 일축되고, 기계보다 더 기계 같은 사람들이 늘어난다. 그들은 지금의 구조와 이 구조로 인해 탄생한 자신이 얼마나 비인간적인지도 모른 채, AI가 자아를 갖게 되는 것만 걱정한다.

그러니 따뜻함이라고는 눈곱만큼이나 찾아보기 힘든 사슬 같은 시스템에서 어떻게든 자신만의 의미를 찾으려는 사람들의 눈빛은 정말 아름답고 형형하다는 걸 모를 수 없다. 그런 사람의 딸로 살았으니까. 그리고 그런 사람들의 친구로서도 사는 스물넷의 나는, 그들의 묵묵함이 부럽고 대견하다.

진짜 어른이 된다는 건
무슨 뜻일까?

아 Isaac, 미국, 심리학 전공
이
작

    아마 많은 사람이 '나이가 드는 것' 혹은 '성숙해지는 것'을 어른이 되는 일과 동일 선상에 둘 거예요. 그렇지만 저는 그것만으로 어른으로 거듭날 수는 없다고 생각해요. 어떤 특정한 문턱을 넘어서는 순간 갑자기 어른이 된다고 믿지도 않고요. 그건 오히려 '되어가는 과정'의 일부인 거죠. 저에게 진정한 어른이 되는 것의 의미는 '내 내면의 아이를 돌보는 작업'과 같아요. 나이가 들면서 그 아이는 점점 희미해지고, 작아지고, 옅어져요. 이런 상황에서 그 아이를 다시 부드럽게 불러내어 그저 그 모습 그대로 존재할 수 있도록 마음속의 공간을 마련해 주는 게 중요해요. 물론 그건 그 아이 주변에 거대한 성벽을 쌓거나, 우리 자신이 다시 어린아이로 되돌아가자는 뜻은 아니에요. 그 아이를 성심성의껏 돌보고 사랑하자는 거고, 그게 곧 어른에 다다르는 길인 것 같아요. 그 아이야말로 진정으로 나 자신의 일부니까요.

　태국과 대만을 7주 정도 헤맨 후 한국에 돌아오자마자 엄마와 엄마 대학 동창들의 번개 모임에 '꼽사리'를 꼈다. 교단에서 학생들을 가르치다가 교육청으로 자리를 옮겨 근무한 지도 벌써 몇 년 지났으니, 엄마는 어느덧 교육계에서 일한 지 20년이 넘었다. 각자의 자리에서 사회인으로 살아온 세월이 벌써 삶의 절반을 차지하는 이들의 이야기를 듣는 건 언제나 오묘한 기분에 휩싸이게 만든다.

　집에 가는 길에 엄마에게 물었다.

　"어떻게 다들 이렇게 사는 거야? 직장을 구하고, 일거리를 찾고, 돈을 벌고, 가정을 유지하고, 가족을 부양하면서.

그러니까, 도대체 어떻게 다들 어른으로 살아가는 거야?"

엄마는 덤덤한 표정으로 말했다.

"그냥 때 되면 다 그렇게 돼."

알 듯 말 듯 요상한 대답이었다.

나는 늘 어른이 되는 게 싫었다. 정확히 말하면 성인이 되고 싶지 않았다. 내 돈으로 나를 밥 먹이며 사는 행위부터가 비현실적으로 느껴졌다. 누가 부여한 지도 모를 막중한 책임과 삶에 대한 부담감을 짊어진 채 살아가는 하루하루를 과연 견뎌낼 수 있을까? 고등학교 자퇴 후 바로 첫 아르바이트를 시작해 별다른 휴식기도 없이 나름 '사회생활'이라고 불리는 것들을 하다 보니 벌써 20대 중반이었지만, 실은 가면 갈수록 더 믿기 힘들었다. 대부분 어른은 다 이렇게 산다는 거잖아?

그러나 단순히 돈을 벌고, 정체 모를 '자기 몫'을 한다고 해서 어른이 되는 건 아니다. 내가 일하던 어느 음식점의 손님에서 TV 속 정치인에 이르기까지, 나이에 상관없이 차마 어른이라는 호칭을 붙이기가 민망한 사람들은 하루가 멀다고 계속 나타난다. 〈표준국어대사전〉에 따르면 어른은 '다 자란 사람. 또는 다 자라서 자기 일에 책임을 질 수 있는 사람.'이라는데, 몸만 컸을 뿐 마음의 깊이는 얕디얕은 세숫대야만한 이들을 너무나도 쉽게 찾아볼 수 있다. 사회적 지위나 업무적 성과, 법적 나이 같은 측정 가능한 계량적 수치가 일정 수준에 이르더라도 정신적 성장이 비루하기 짝이 없는 누군가를 어른이라고 부르는 건 죽어도 못하겠다. 그렇지만 추상적 형태의 성숙만으로 누가 진짜 어른인지 구분 짓는 것 또한 모순일 것이다. 천진난만하기만 할 것 같은 사람이 때로는 어른에 가장 가깝기도 하니 말이다.

  이러한 고민이 이어지면서 어느 순간부터는 '제대로 된 어른'이 되는 게 나에게 주어진 아주 중요하고 필수적인 과제처럼 다가왔다. 포장만 화려하고 알맹이는 공허한 인간으로 평생을 살지 않겠다는 건 나를 위한 다짐이었고 나와의 약속이었다. 하지만 곱씹고 골몰하는 과정은 도리어 진짜 어른이 되기에는 지금 나 자신이 부족 그 자체임을 명백히 증명했다. 세상의 건조함에 지쳐 점점 더 너그러움을 잃어가며 제시된 앞날에 부딪히기를 꺼리는 내가 싫을 때는 괜히 더 어른스러운 척을 했다. 이렇게 노력하면 언젠가는 정말 어른이 될 줄 알았다.

숙제를 끝내는 것처럼 '어른'의 일들을 숨 쉴 틈 없이 해치우고, 이러다가는 정신이 내게 결별을 고하고 집을 나갈까 싶어 떠난 배낭여행을 끝내고 집에 돌아온 그날부터, 또 며칠을 뜬눈으로 지새웠다. 기다렸다는 듯이 머릿속을 메우는 걱정. 또다시 목적지가 사라진 일상. 증명해 내기에는 참으로 벅찬 현실. 이제 진짜 어른 노릇을 할 때도 됐는데 반대로 가슴은 더 고달팠다. 그까짓 어른인지 뭔지 알 게 뭐냐면서 다 집어치우고 싶었다. 차라리 성인이 되는 건 어른으로 자동 레벨 업되는 것으로 생각했다면 좀 나았을까. 그래도 여전히 나는 더 그럴듯하고 괜찮은 존재를 꿈꿨을까. 어쩌면 이 책에 등장하는 모든 질문을 통틀어서 가장 오랜 시간 내 마음속 한구석을 차지해 왔을지도 모를 물음에 자신만의 대답을 들려줄 누군가를 찾는 건 그리

어렵지 않았다.

아이작은 지난 몇 개월 동안 나와 가장 많은 대화를 나눈 사람이다. 그가 다른 이들에게서는 쉬이 찾아볼 수 없는 독특하고 아름다운 야성野性을 지녔다는 건 금방 알아챘다. 때로는 서울 청계천 돌계단에서, 때로는 태국 꼬따오의 밤바다에서, 때로는 대만 타이중 공원에서 서로가 바라보는 세상을 나누고 전하며 하루에도 몇 번씩 그의 지혜와 다감한 시선에 놀라곤 했다.

2002년생 동갑내기인 그에게 '사회가 정해 놓은 쓸모'는 늘 의문의 대상이었다. 어떻게 해야 가장 나다울 수 있으며 무엇이 절대 놓아서는 안 되는 가치인지 스스로와 문답하기를 멈추지 않던 그는 대학을 졸업한 후부터는 다양한 일을 시도하며 자기 자신을 찾기 위한 노력을 이어갔다.

현실에 발 들인 뒤 본인만의 어른을 정의하겠다는 생각으로 나름 성숙하기 위해 애쓰는 건 모두가 겪는 과정이다. 나 역시도 진짜 어른이 뭔지는 잘 모르겠으나 일단 더 '정신적'으로 '성장'하면 되는 거겠지, 하며 허상 속의 롤 모델을 좇기에 바빴다.

  하지만 아이작이 받아들이는 성숙은 어른이 되어가는 흐름의 일부일지는 몰라도 어른 그 자체는 아니다. 그는 오히려 본인 안에 깊이 묻어둔 '어린아이'를 깨워 돌보고 살피는 게 우리를 어른의 본질에 가까워지게 만드는 작업이라고 이해한다. 그 어린아이의 형태는 개개인에 따라 다르다. 트라우마와 콤플렉스로 똘똘 뭉쳐 몸부림치는 반죽덩어리일 수도, 아무것도 덧대어지지 않은 새하얀 도화지일 수도, 정체를 파헤치는 데만 몇 광년의 세월이 걸리는 기나긴 실타래일 수도, 그때는 발견하지 못한 찬란한 원석이 숨겨진 광산일 수도 있다. 많은 경우 나의 모습을 띤, 가장 근원적 얼굴을 한 언젠가의 그 어린아이는 반복적으로 잊히고 지워진다. 그 어린아이를 자꾸 세상에서 밀어내야만 어른이 될까 싶어 아이와 아이의 세계를 담은 상자의 잠금장치 역시 점차 두꺼워지는 것이다. 바로 그 어린아이에게 말을 걸고 품을 내어주는 연습이 필요하다. 그가 자신의 일부이자 나라는 존재가 지나온 모든 역사의 출발점임을 받아들이는 매 순간, 어른이라는 모호한 정체성에 조금씩 가까워진다.

언뜻 보면 흐릿하고 불분명하게 들리는 그의 이야기를 통해, 내 손에 의해 아주 깊은 땅굴에 파묻힌 '어린아이 함은세'를 외면해 온 세월이 분명해졌다. 돌봐달라고, 안아달라고, 사랑해 달라고 외치던 그 아이를, 성숙이라는 모호한 각오에 집착하다 끝내는 수면 아래 그 어딘가로 밀어 넣었다. 그렇게 하면 더 나은 사람이, 더 멋진 어른이, 더 그럴듯한 내가 될 거라고 믿었으니까. 성장과 발전을 갈망하지 않으면서 사는 것보다는 이런 삶이 백 배 낫다고 생각하면서 그 아이를 밀어 넣던 나의 강박이 꽤 자주 유령 같은 슬픔과 외로움을 불러왔음을 깨닫는다. 이 모든 건 넓은 관점에서는 사회적 개념을 충족하는 어른으로 거듭남으로써 내면의 결핍을 채우려는 시도와도 맞닿는다.

물론 나는 여전히 진짜 어른을 꿈꾼다. 그건 나에게 단순히 보여주기 식 껍데기가 아니라, '좋은 사람'을 구성하는 중요한 요소이다. 우습고 투박하고 여릴지라도 선함과 강인

함만은 지켜내는 그런 사람. 그 마음가짐으로 다른 이들을 껴안기 전에, 내 안에 잠든 어린아이부터 보듬는 사람. 이 모든 게 가리키는 방향을 보니, '어른'이 된다는 건 '사랑'할 줄 아는 사람이 되는 것일지도 모르겠다.

세계의 청년은 지금

question
No. 1

; 지금 우리에게
가장 필요한 가치는
무엇일까?

용기겠죠. 싸울 수 있는 용기, 혹은 싸우려는 사람들을 도우려는 용기, 그리고 우리 자신을 보호하고 깨어나서 외치는 용기요.	Elvia 브라질, 예술가 국제 애널리스트
공감, 동정, 그리고 연민이요. 우리가 진정으로 다른 이를 귀히 여기고 서로의 입장을 들여다보기 위해 노력한다면, 모든 문제가 공동체적 너그러움을 통해 해결되지 않을까요?	Isaac 미국, 심리학 전공
정직, 관용, 연대, 비판적 사고, 공정성, 사람과 자연에 대한 존중, 타협하려는 자세, 공감 능력. 이런 것들이 제일 필요하다고 봐요.	Jens 독일, 지리학 전공
친절과 존중이요. 인터넷이 발전하면서 온라인 세상은 어느새 부정적인 감정의 온상이 되었어요. 인터넷의 익	Laerke 덴마크, 한국학·IT 전공

명성은 사람들이 서로를 모욕하고, 증오를 퍼뜨리고, 타인을 깎아내리는 일을 아무런 책임 없이 하게 만들었죠. 전 세계와 실시간으로 소통하는 능력은 분명 강력한 도구이지만, 그 힘은 사람 간의 갈등에 불을 붙이는 중이에요. 더 나은 미래를 만들려면, 가장 단순하지만 강력한 가치들로부터 다시 시작해야 해요. 서로에게 친절하고, 공감하며 귀 기울이고, 다른 이들의 차이를 존중하는 작은 변화들이 거대한 변화의 시발점이 될 거예요.

비판적 사고야말로 이 시대에 절실히 필요한 가치예요. AI의 발전, 잘못된 정보의 확산, 넘쳐나는 디지털 콘텐츠 속에서 살아가는 오늘날, 미디어 리터러시 능력과 편향된 가짜 정보에 대한 분별력을 갖추는 게 점점 더 중요해지고 있어요. 비판적 사고는 시간이 지나면서 점점 더 사람들이 더 정확하고 신중한 판단을 내리도록 돕는 핵심적인 역량이 될 거예요.

Leilani
호주, 고고학 전공

연대, 또는 단결이요. 저는 세상을 바꾸는 유일한 방법은 우리가 하나로 뭉쳐서 신념을 위해 위해 함께 나서는 것이라고 진심으로 믿거든요. 지금은 너무 많은 사람들이 국내외 문제에 무관심해요. 하지만 이제는 자신의 신념을 자랑스럽고 분명하게 외칠 수 있는 사람들이 모여 공동체를 만들고 함께 연대해야 해요.

Marcus
덴마크, 소방관

인간성일 것 같네요. 사회적 배경, 피부색, 능력, 성별, 민족, 종교 등과 관계없이 지구상의 모든 개인을 평등하게 대함으로써 진정으로 실천되는, 아주 기본적인 인간성을 말하는 거예요. 인권은 모든 사람을 위한 거니까요. 예외 없이요.

Svenja
독일, 사회복지사

이기심을 내세우지 않고, 인권과 환경을 착취하지 않는 태도요.

Minako
일본, 영미학 전공,
독일 지사 근무

정의, 진실성, 그리고 책임감이 절대적으로 필요한 시대예요. 정의는 사회를 바로잡고, 진실성은 부패와 기만에 맞서 싸우며, 책임감은 우리 앞에 주어진 도전 과제를 정면으로 마주하게 만든다고 생각해요.

Anas
차드,
이커머스 전문가

공감, 열린 마음, 관용처럼 아주 기본적이지만 꼭 필요한 가치들을 받아들이는 게 무엇보다 중요하다고 생각해요. 이러한 가치들의 결여가 오늘날 우리가 직면한 많은 심각한 문제들을 초래하는 핵심 원인처럼 느껴져요.

Salome
프랑스,
국제 관계학·
아시아학 전공

급진적인 연대, 혁명적인 사랑, 멈추지 않는 비판, 행동할 용기, 경쟁이 아닌 협력, 개인주의가 아닌 집단적 투쟁, 개혁이 아닌 완전 폐기의 가치를 선택하는 것만큼 중요한 건 없어요. 억압을 당연하게 받아들이는 대신,

Stephanie
독일,
정치·사회학 전공,
정치기획자

또 다른 세계가 가능할 뿐 아니라 반드시 필요하다는 신념 위에 해방의 윤리를 새롭게 세워야 해요. 이제 반쪽짜리 대책은 통하지 않아요. 기존의 체제를 무너뜨리고, 사람들을 위한 사회를 함께 건설하겠다는 흔들림 없고 집단적인 의지, 즉 현실을 직시하고, 조직하며, 행동할 줄 아는 용기를 갖는 게 시급해요. 자본주의는 우리를 고립시키고, 투쟁의 의지를 약화하고, 그저 인터넷에 글 하나 올리는 게 저항이라고 믿게 하죠. 하지만 행동 없는 인식은 막다른 길이거든요. 진정한 변화는 거리에서 몸으로 맞서고, 스스로 대안을 만들고, 침묵을 거부하는 목소리들을 통해서 시작돼요. 조직은 선택이 아니라 필수고요. 희망만으로는 세상이 바뀌지 않아요. 함께 투쟁하고, 안락함에 안주하길 거부하고, 혁명을 일상적인 실천으로 만들 때만 세상은 변화해요.

내면성이요. 타인과의 교류와 연결을 어려워하고, 증오와 혐오와 단절을 지향하게 만드는 우리 자신이 어떻게 탄생했는지를 이해하는 자기 성찰 지능이랄까요. 메타인지 능력이라고도 할 수 있겠네요.

류한경
대한민국,
사진가, 번역가

'문명적 회심Civilizational Conversion'인 것 같아요. 기술Technology과 생태Ecology와 영성Theology을 통합하는 새로운 사유가 절실하고요. 그리고 존재에 대한 윤리적 응답과 살아있는 정의를 구현하려는 실천을 동반해야

정은수
대한민국,
前 태재연구재단
특임연구원

할 거예요. 그러면 결국 온고지신, 문명은 의미의 몸짓으로 다시 태어날 거라고 여겨요.

미국의 경우에는 정치적으로 지나치게 분열되고 극단적으로 나뉘어 있어요. 서로 다른 입장을 조금이라도 더 이해하려고 시도하고, 상대를 쉽게 판단하지 않고, 건강하게 소통하는 분위기가 꼭 필요해요. 또, 저는 정부 주도의 사회가 조금 더 낫다고 생각해요. 물론 국가가 모든 걸 운영하는 시스템 역시 경계해야 하지만요. 부와 권력이 한쪽으로 너무 많이 쏠리는 게 늘 문제인데, 그걸 견제할 확실한 장치가 있어야 할 것 같아요. 그럼에도 정부가 모든 걸 다 해주길 바라기보다는, 우리 스스로 조금 더 책임 있게 행동해야죠. 일론 머스크나 제프 베이조스를 싫어하면서도 매일 트위터x와 아마존을 사용하고, 소규모 지역 상점이나 유기농 브랜드를 지지하고 싶어도 가격 문제로 인해 저렴한 제품을 찾는 건 모순적이면서도 이해가 가요. 이런 면에서는 정부 차원의 인센티브나 지원 정책이 있다면 도움이 되지 않을까요?

AJ
미국,
환경운동가,
도시농부

세계의 청년은 지금

question
No. 2

지금 우리에게 가장 큰 위험은 무엇일까?

부와 권력이 소수의 사람에게 지나치게 집중되는 것과 환경 파괴요. 우리가 제대로 관심을 기울이지 않는 사안들이죠.

AJ
미국,
환경운동가,
도시 농부

분열이요. 불평등, 전쟁, 혹은 기술의 오용으로 인한 분열 말이에요. 이를 해결하기 위한 인류 전체의 협력이 부재하면서 위험함은 점점 더 커져요. 모두가 각자의 이익을 추구하고, 타인을 배려하지 않고, 서로의 관점을 이해하려는 시도조차 하지 않는 게 위협적으로 느껴져요.

Anas
차드,
이커머스 전문가

사회가 점점 더 무감각해지고 있어요. 학대받는 것에 익숙하다 못해 편안함을 느끼고, 우리 주변을 둘러싼 일들을 깨닫지 못한 채 온라인 세계에 지나치게 몰두하는 중이죠. 점점 더 굴복하고, 더 억압받고, 더 지쳐

Elvia
브라질, 예술가
국제 애널리스트

가면서요.

전쟁과 기후 변화인 것 같아요.

Ayako
일본, 지속가능성
상점 운영

우선은 기후변화요. 피할 수 없고, 언제나 우리 곁에 존재하는 위험이에요. 그리고 생명과 공동체 안에서의 연민이 점점 사라지고 죽어가는 것도 큰 문제라고 봐요.

Isaac
미국, 심리학 전공

파시즘, 포퓰리즘, 그리고 제어되지 않는 자본주의요.

Jens
독일, 지리학 전공

제 마음속에 가장 무겁게 자리한 건 기후위기, 전쟁, 그리고 AI예요. 우선 기후위기는 더는 먼 미래의 일이 아니죠. 덴마크는 대대로 매우 추운 나라였지만, 지난 10년 동안은 눈이 거의 오지 않았어요. 여름은 점점 뜨거워지고 있고요. 미세먼지로 인한 대기질의 변화도 눈에 띄는 변화 중의 하나예요. 전쟁과 분쟁도 사람들을 불안하게 만들고 있어요. 전쟁 반대 여론이 강한데도 전쟁은 여전히 생명을 파괴하고 국가 간의 관계를 악화하죠. 증오와 폭력이 되풀이되는 악순환은 평화로운 미래를 희망하기 어렵게 만들어요. AI에 대한 우려도 마찬가지예요. AI의 진보가 오히려 심각한 윤리적 문제를 형성하는 상황이에요. 프라이버시, 보안, 그리고 오남용 가능성에 대한 문제 제기가 계속되는 중이고요. 게다가 기후 위기의 핵심적 원인이기도 해요. 여

Laerke
덴마크,
한국학·IT 전공

러 면에서 더 엄격한 규제가 필요한 사안인 것 같아요.

공동체의 부재가 가장 큰 위협이에요. 코로나 이후 사회 내의 고립도가 점점 높아지면서 공동체 중심의 사고방식이 극단적 분열, 단절, 이기심을 중심으로 재구성되었어요. 건강한 공동체의 기반을 잃는다면 사회는 고통받을 수밖에 없어요. 사회적 유대의 약화가 우리가 직면한 수많은 글로벌 문제의 주요 원인 중 하나니까요.

Leilani
호주, 고고학 전공

'분열'이 제일 큰 위협인 것 같아요. 단순한 사회적 갈등을 넘어서, 정치적, 이념적 균열도 그 일부죠. 이러한 분열은 신뢰를 침식시키고, 갈등을 부추기며, 무엇보다도 공동체가 연대하고 함께 행동해야 할 순간에 그 힘을 마비시키는 요인이 돼요. 지금 우리에게 가장 절실히 필요할 때, 단결이 무너져가는 건 정말 위험한 일이에요.

Luis
온두라스,
컴퓨터공학 전공,
작가

허위정보misinformation가 인류가 당면한 가장 큰 위협이라고 생각해요. 대부분의 사람이 휴대전화로 정보를 찾아볼 능력을 갖추고 있기 때문에, 허위정보는 대중을 조작하는 강력한 도구가 되었어요. 자유롭기 위해서는 이 위협과 반드시 맞서 싸워야만 해요.

Marcus
덴마크, 소방관

기후위기와 경제적 불평등인 것 같아요.

Minako
일본, 영미학 전공
독일 지사 근무

대답하기 어려운 질문이네요. 오늘날 우리가 직면한 다양한 위협이 있지만, 저는 탈진실post-truth이 가진 시대적 문제에 집중하고 싶어요. 민주주의의 지속을 위해서는 언론과 표현의 자유, 정보의 정확성, 정보의 자유로운 흐름, 그리고 투명성의 보장이 필수적이에요. 하지만 AI나 소셜미디어와 같은 새로운 기술과 많은 정치 지도자들이 언론을 다루는 방식은 매우 민감하고 심각한 위협으로 작용해요. 역사를 돌아보면, 언론과 정보 조작은 체제 형성 및 대중을 현혹하는 도구로써 큰 역할을 해왔어요. 그러니 세계적 도전에 맞서기 위해서도 정보를 보호하고 언론의 역할을 지키는 일이 정말 중요한 것 같아요.

Salome
프랑스,
국제 관계학·
아시아학 전공

두려움이요. 이민자들에게 일자리를 빼앗길지도 모른다는 두려움, 침략자들에게 땅을 빼앗길지도 모른다는 두려움, 다른 문화에 잠식당할지도 모른다는 두려움, 자신의 자리와 권리가 다른 이들을 통해 교체될지도 모른다는 두려움 말이에요. 많은 포퓰리즘 정당들이 이러한 두려움을 악용해서 구시대적인 신념을 고수하려는 이들로부터 사회적 지지를 얻고 있어요. 또, 이미 권력을 가진 사람들이 더 많은 권력과 돈을 좇는 것도 큰 위협인 것 같아요. 요즘 세상은 돈에 지나치게 거대한 가치를 부여하고 있어요. 그러나 그것으로부터 자유로운 사회 지도자들의 등장은 지금의 현실을 치유할

Svenja
독일, 사회복지사

희망이 될 거예요. 오로지 자신의 힘과 이익을 위해서 만이 아니라, 진정한 변화를 불러오려는 의지를 품은 사람들이 힘을 얻는다면, 더 나은 세상이 오겠죠.

자본주의의 파괴, 제국주의적 팽창, 그리고 국가 폭력의 교차 지점에서 우리가 마주한 위협이 발생해요. 지배 계급은 생태 재앙, 군국주의, 인종적 폭력, 경제적 불평등을 지속시키고, 그들의 권력은 대중의 고통 위에 유지되고요. 파시즘은 늘 잠재된 위협이나 다름없어요. 체제의 쇠퇴기에 접어들면 마지막 방어선처럼 등장하죠. 가장 본질적인 위험은, 사실 생명을 희생시키고 이윤을 우선시하는 경제 질서의 지속 그 자체일지도 몰라요.

Stephanie
독일,
정치·사회학 전공,
정치기획자

명확하게 4가지로 구분할 수 있어요. 지구적 전쟁의 위협, 기후생태위기, 기술에 대한 통제력 상실, 그리고 시대 가치의 부재요. 그중에서도 가장 큰 위험은 '기술의 자율화'가 인간의 영혼과 문명 질서를 대체할 때 발생하는 혼돈이에요. 인간이 기술을 설계하는 게 아니라, 기술이 인간을 규율하는 구조가 고착하는 방향으로 나아갈 때 진정한 비극이 벌어져요. 위험은 기술 그 자체가 아니라, 기술을 둘러싼 의미와 목적의 상실이에요. 치열하게 질문을 던지고, 한국만의 사상적 답을 제시할 때예요.

정은수
대한민국,
前 태재연구재단
특임연구원

thema 2

종종 세상을 뒤흔들고파

권력을 가지면 변할까?

김민재 대한민국, 정치·사회학 연구자

사전상 권력의 의미는 '남을 복종시키거나 지배할 수 있는 공인된 권리와 힘'이라고 합니다. 즉, 어떠한 사람이나 상태를 인위적·강제적으로 바꾸거나 영향력을 행사할 수 있는 사람이 권력자입니다. 이 질문에서는 권력도, 변한다는 말도 부정적인 뉘앙스로 쓰인 것 같아요. 그런데 권력을 가지게 되었을 때 변하는 게 꼭 나쁜 일일까요? 어쩌면 그 변화는 매우 자연스러운 것일지도 몰라요. 당연히 모든 변화가 마냥 긍정적인 건 아닙니다만, 권력을 가진 이는 그걸 행사하는 데 적합한 상태가 되어야 해요. 그건 이전과는 다른 책임·윤리의식을 갖추어야 하고, 자신의 사적 이익보다 공동체의 이익을 우선시하는 방향으로 변화해야 한다는 뜻입니다. 권력을 개인이 마음대로 휘두를 수 있는 도구로 인식하는 대신, 권력을 얻으면 그에 걸맞은 도덕성을 동반하려고 애쓰는 이로 변해가는 사람들이 더 늘어났으면 좋겠습니다.

김민재 님을 처음 만났을 때는 그도, 나도 남들보다 정치에 관심이 조금 더 많을 뿐인 학생이었다. 사실 조금은 아니었다. 그러나 내가 한동안 낭만주의자 행세를 하며 지낼 때, 그는 모 정당의 청년 정치인으로 거듭났고, 우리는 각자 나름의 '정치 고관여자'로서 살아가며 교류를 이어갔다.

그러던 그가 어느 날 탈당하고 연구자의 길을 택했다. 그와 비슷한 시기에 활동하며 둘도 없는 정치적 동지로 지냈던 청년 중 일부는 소위 말하는 '배지 단 사람들'이 되었고, 내 눈에는 그의 미래 역시 다르지 않았기에 그 결정이

새삼 놀라웠다.

왜일까. 간단히 말하자면, 그는 지쳐 있었다. 정당정치가 청년을 소모하는 방식이 그에게는 고달팠던 것 같다. 선거 때마다 가장 먼저 나서서 잡일을 도맡아 하고, '당의 미래'라면서 온갖 방식으로 소비되지만, 그 정도의 쓸모마저 없어지면 무엇 하나 돌려받지 못하고 외곽으로 밀려나는 청년들이 시대가 지나도 여전히 그곳에 존재한다. 그가 마주한 현실에서도 그건 마찬가지였다.

정계에서 청년에 대해 묘사할 때 '의자를 나른다'는 표현을 종종 사용한다. 의자를 나르는 건 '몸을 쓴다'의 은유적 표현이다. 각종 행사 등이 개최되면 정당의 당원이거나 위원회 등에 속한 청년들이 준비 과정에서 부수적으로 동원된다. 그들에게 당 차원의 정치적인 업무는 배정되지 않는 경우가 많다. 오로지 젊음이 가진 체력에 의지한 일들이 당연하게 요구되고, 어른들은 그걸 당을 위해 봉사할 귀중한 기회처럼 번지르르하게 포장한다. 그렇게 영원히 의자만 나르다가 나이가 들어 청년으로서의 정체성도 상실하고, 목소리 낼 기회도 얻지 못한 상태로 쓸쓸히 당을 떠나는 이들이 많다. 청년은 어디서든 비슷할 테지만 정계에서는 더더욱 '마케팅 수단'에 불과하다는 생각을 지울 수 없다.

그렇게 닳고 닳아 마모된 청년 중 극히 일부만이 '여의도'로 진출한다. 의자와 책상과 스피커를 나르다가 또 다른 청년이 나른 마이크를 붙잡고 얘기할 정도의 입지를 갖게 되는 사람은 극히 소수에 불과하다. 그곳도 여전히 경쟁사회이기 때문에 능력 있는 자만이 살아남는 것이 아닌가 하다가도, 막상 생존자들을 보면 미래 세대로서의 진화를 거쳤는지 의심이 되는 이들도 많다. 모두가 다 그런 건 아니지만, 안광이 반짝이던 그들의 눈이 배지를 단 후에는 한 조각의 빛도 찾아볼 수 없는 새까만 흑색으로 덧칠된다. 그들이 변하는 건 '선택받았기' 때문인가, 혹은 '변할 수 있었기' 때문에 선택받은 것인가. 권력은 그런 슬픈 질문을 던지게 만든다.

정치인에게만 권력이 주어지는 건 아니다. 권력은 생명체가 닿은 모든 곳에 존재하고, 약육강식의 논리는 어디에서나 만날 수 있다. 인간이 아닌 동물조차 자신의 힘을 입증해 우두머리가 되려는 몸부림을 친다. 그럼에도 인간이 탐하고 욕망하는 권력만큼이나 복잡다단한 힘은 없다. 분명 인간도 '가장 강한 힘'을 단편적인 의미로 인식하던 시기를 거쳤을 테지만, 덩어리진 맥락의 권력은 이제 세상에서 멸종한 무언가다. 지금의 인간에게 권력은 단순히 힘의 다른 말이 아니다. 그건 어떤 형태로든 자신을 증명하기를 강요받는 사회의 구성원으로서 무조건 손에 쥐어야 하는 자아실현의 도구이다. 태어난 순간 앞날이 정해지는 전형적 신분제 사회에선, 권력이란 하늘로부터 간택 받은 몇몇만이 누릴 수 있는 미지의 신화였으나 지금은 누구나 권력자가 될 수 있다. 적어도 논리상으로는 그렇다.

그런데 권력자의 모습은 확실히 이전과 다르다. 체벌이 보편적이던 1970년대의 교사는 권력자였을 것이다. 학부모에게 촌지를 받는 것도, 마음에 들지 않는 아이를 쥐어박는 것도 당연했다. 하지만 지금은 교사에게 막말을 퍼붓는 학생이 기사에 등장하고, 학부모의 괴롭힘에 의해 교사 스스로 목숨을 끊는 사례도 종종 발생한다. 어떤 이는 이것이 학생의 인권이 상승했기 때문이라고 말하지만, 나는 권력의 무게가 자본의 무게와 점점 비례하게 되면서 일어난 현상이라고 여긴다. 폭력이야말로 힘의 원천이었던 야만의 시대를 지나, 자본이 곧 신인 세상이 왔다. 인간의 가치도 돈에 따라 정해지고, 그로 인해 본인이 소유한 만큼 타인의 권리도 점유할 수 있다고 믿는 이들이 증가했다. 그러니 학생도 학부모도, 교사가 아닌 더 큰 집에 사는 아이와 그 아이의 부모를 동경하고 그 자본의 힘 앞에 복종한다. 신경 써야 하는 건 돈이고, 어린 시절부터 그런 인식을 지니고 자라는 아이들은 고작 대여섯 살 때부터 누가 더 비싼 아파트에 사는지에 대해 아무렇지 않게 대화를 나눈다. 그게 바로 '권력'이다.

그런 식으로 여러 형태의 권력이 새롭게 탄생하고 생산되는 와중에, 그걸 누리려는 자들의 심보는 점점 뒤틀리고 있다. SNS와 인터넷 커뮤니티에서 알지도 못하는 타인을 짓밟기를 즐기는 사람, 서비스직 근무자에게 희롱성 발언을 일삼는 사람과 자기 마음에 들지 않는다는 이유로 꼭 필요한 예산을 삭감하는 정치인, 틈틈이 타이밍을 엿보다가 온갖 자리에 본인 친척들과 지인들을 꽂아 넣는 정치인은 큰 차이가 없다. 그들 모두 본인의 권리를 구실 삼아 사실은 자신에게 주어진 크고 작은 권력을 마구 휘두른다는 점에서 말이다.

슬프게도 권력은 그러지 않았던 사람도 그런 사람으로 만든다고 자주 느낀다. 그렇지만 모두가 그런 사람으로 변하는 걸까? 민재 님이 "권력을 가지면 변할까?"라는 질문에 물음표를 던진 게 바로 그 대목일 것이다. 힘은 사람을 변하게 만든다. 하다못해 빳빳하던 종이도 힘을 주면 구겨져서 여기저기 주름이 난다. 그의 말과 같이, 중요한 건 변화의 방향이다. '왕관의 주인, 그 무게를 견뎌라.'라는 문장이 함의하듯이 왕관의 화려함에 취해 그걸 쓴 자기 모습을 바라보는 데 시간을 쏟는 사람이 있는가 하면, 왕관이 주는 무거움을 알고 자기 자신을 제대로 지탱하려고 애쓰는 사람도 있다.

민재 님의 말마따나 권력도, 변화도 결코 부정적으로 받아들여야만 하는 단어가 아니다. 놀라운 일이다. 배지를 달고 난 후 변해버린 사람들을, 분명히 청년이었으나 이제는 그보다는 기득권이라는 말을 더 사랑하게 된 이들을 수없이 봐온 그가 아직도 '권력과 변화' 두 단어에 내포된 긍정성을 발견하니 말이다.

사실 난 잘 모르겠다. 권력을 손에 넣은 후 변했거나 변해가는 사람 중 긍정적 예시로 꼽을 만한 인물이 몇이나 있는지. 아마 이 글을 읽는 독자 가운데 나와 같은 생각을 할 분도 많을 것이다. 그래서 나는 그의 말이, 그 장면들을 가장 가까이서 마주했음에도 희망을 잃지 않은 이의 목소리가 주는 가능성이 반갑다. 우리 모두 마음속으로는 그가 품은 희망을 꿈꾼다는 걸 나는 안다.

'희망 편'보다 '절망 편'이 더 눈에 띄는 건, 그런 이들이 뱉는 말들이 더 거창한 동시에, 권력을 누리는 것에만 심취한 사람들이 상대적으로 자연스럽게 여겨져서다. 하지만 현재의 우리 사회는 딱 그 지점에 멈춘 채 앞으로 나아가지 않는 상태다. 이제 더는 권력을 개인의 소유물로 여기거나, 권력을 휘두를 방향을 개인이 마음대로 정하게 놔둬서는 안 된다. 힘의 크기와 상관없이 힘을 얻은 자가 어떻게 행동해야 하는지 알려주는 게 우리에게 필요한 다음 스텝이다. 권력자의 최종 목표는 권력의 '취득'이 아니라 권력의 '사용'이 아닌가. 그런데 왜 세상은 권력을 어떻게 얻는지에 대해서만 다루고 권력 이후의 행보를 올바르게 보여주는 법에 대해서는 가르치지 않는 것일까? 권력자와 무법자가 별다른 차이를 보이지 않는 경우가 너무나도 많아 세상의 보편적 도덕이 무너지고 있는 지금이야말로, 사회와 지구 공동체 전체에 그에 관한 교육을 절실히 요구할 시기이다.

내 손에 들어온 힘에는 책임이 따르고, 얼마나 대단한 권력을 지녔든지 간에 그게 타인의 삶을 잡아먹을 권리가 되지는 못한다는 기본에서부터 다시 출발해야 한다. '철학적 의미의 식인종'들이 차고 넘치는 현실에 브레이크를 밟을 수 있는 마지막 시간이 얼마 남지 않았다.

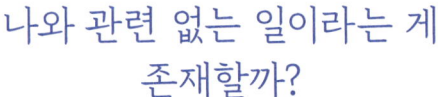

나와 관련 없는 일이라는 게
존재할까?

say

송정효 대한민국, 영화 연출 전공

  다큐멘터리는 영상으로 하는 문화인류학이에요. 타인이 아니라 자기 자신을 연구 대상으로 삼아서 만드는 '자문화기술지'의 경우, '나'에게 집중된 이야기지만 넓은 관점에서는 '나'의 문제를 '우리'의 문제로 확장하는 작업에 가깝고요. 요즘은 나랑은 상관없는 일을 넘어서 "너랑도 상관없으니까 가만히 있어."라고 말하는 이들마저 나타나고 있어요. 하지만 나와 관련 없다고 치부하며 문제의식을 공유하지 못한 채 본인을 세계와 분리하는 게 마냥 적절한 해법은 아닐 겁니다. 우리는 사회의 부품이 아니잖아요. 지금의 사회 구조적인 측면에서도 마찬가지예요. 개인과 공동체의 삶이 가지는 교집합을 이해하지 못한 채로 살아가는 사람이 많아요. 이에 대한 구성원의 감각이 부재하면 민주주의도 하나의 단어에 지나지 않죠.

아야코
Ayako, 일본, 지속가능성 상점 운영

어디에 포커스를 맞추느냐에 따라서 자기 자신과의 관련성 여부를 따져볼 수 있겠죠. 각자의 개인적인 인간관계나, 잘 알지 못하는 사람들의 사적인 감정만 놓고 본다면 '나와 관련 없는 일'이라고 말할 수 있어요. 그러나 만약 우리가 이야기하는 게 환경, 경제, 정치, 국제 상황처럼 어떤 식으로든 내 삶과 내가 살아가는 사회에 영향을 주는 거라면, 관련 없는 일처럼 보여도 마냥 그렇지만은 않을 거예요. 모든 일은 분명 각각의 형태로 이어져 있기 마련이에요.

 서울시 강동구 토박이인 나에게 25년도 3월 말 명일동에 싱크홀이 발생한 사건은 큰 충격을 주었다. 내가 거주하는 곳에서 얼마 멀지 않은 지점의 도로 정중앙이 뻥 뚫린 사진이 뉴스 기사에 실렸다. 평생을 나고 자란 동네에 갑자기 거대한 구멍이 생겨 사람이 빨려 들어갈 것이라고는 상상도 못 했다. 열몇 시간에 걸친 구조 작업 끝에 실종된 오토바이 운전자가 끝내 심정지 상태로 발견되었다는 내용을 확인했을 때는 아무 말도 할 수 없었다. 한 가지 인정해야 할 사실은, 기사 사진 속 싱크홀의 배경이 우리 지역이 아니었다면 나에게 해당 사건은 그저 안타까운 해프닝 정도로 기억되었으리라는 점이다.

인간은 대개 본인과 연결된 일들만 머릿속에 남긴다. 정확히 말하자면, 자기 자신과의 연결성이 '직관적'으로 인식되는 일들이다. 운전 중 고속도로에 발생한 교통사고에 관한 정보를 들은 사람과 길 한복판을 뒹구는 자동차를 눈앞에서 목격한 사람을 비교하자면, 후자가 인식하는 교통사고의 위험성은 전자보다 더 클 것이다. 만약 본인이 그 자동차를 운전하던 당사자라면 설명할 필요조차 없다.

하지만 직관적이지 않음이 곧 연결성의 부재는 아니다. 눈에 보이는 사실만으로 판단했을 때는 전혀 관련 없어 보이는 일들이 나의 삶과 밀접히 이어져 있거나, 나의 삶과는 거리가 멀어도 바로 내 옆 사람의 현실인 일들이 세상 곳곳에서 펼쳐진다. 사건이나 상황에 따라 도리어 당사자이기 때문에 객관적인 판단이 어려운 경우나, 제삼자기에 전혀 인지하지 못하는 부분들도 존재한다. 또는 필연적으로 나 자신과 내가 속한 공동체와 떼어놓지 못함에도 당장 와 닿지 않고 상황의 범위가 거대하여 무관하다며 외면하는 일들도 많다. 여러 이해관계에 얽힌 당사자들이 있을 때 모두의 이야기를 들어보는 것이 중요한 이유다.

일본 미야자키에서 지속 가능성을 고려한 물품을 판매하는 가게를 운영하는 아야코의 의견과 같이, 오히려 사적인 것보다는 공적인 것에 가까운 주제들이 우리와 깊은 연결고리를 가지기도 한다. 예컨대 기후위기가 그렇다. 일종의 거대 담론처럼 여겨져 거리감이 느껴지는 주제지만, 점점 더워지는 대한민국의 여름으로 인해 고통받는 건 특정 국회의원 한 명이나 서울시 종로구에 사는 김 모 씨만이 아니라 대한민국에 거주하는 모든 이들이다. 동시에, 공적인 일들이 거시적인 관점으로 보면 일상의 사적인 부분에 영향을 미칠 때도 있다. 이태원 거리에서 벌어진 끔찍한 참사로 이태원 상권이 완전히 무너져 수많은 가게가 폐업한 건 하나의 도미노 현상과 비슷하다. 정신적 폐허로 변해버린 동네의 분위기 탓에 가게 문을 닫아야만 했던 자영업자들은, 유족들과는 또 다른 방식으로 이태원 참사를 '나의 일'로 받아들였을 것이다.

그러나 당사자성도, 타자성도 회피와 외면의 적절한 핑계가 될 수는 없다. 송정효 님은 대학에서 영화 연출을 공부하며 르포와 다큐멘터리 장르를 주요하게 다루고 있는데, 그는 계엄령 전후 자신이 직면한 사회 구성원들의 객체화된 태도를 지적한다. 그가 언급한 수동성에 대한 강요만이 결코 전부는 아니다. '관련 있는 이들'에 대한 조롱과 비난, 억압과 손가락질이 늘어나고, 그게 주류로 자리 잡은 행태를 찾는 것도 어렵지 않다. 세상 전체가 당사자로부터 등을 돌리기를 부추기는 사회에서, 당사자성은 낙인이고 타자성은 무기다.

그런데 만약 관련이 없는 듯 보이는 일을 빚어낸 게 우리의 손이라면 어떨까. 역대 가장 성공한 예능 버라이어티 중 하나로 꼽히는 〈무한도전〉에는 '나비효과'를 주제로 한 에피소드가 등장한 바 있다. 2개의 층으로 구성된 컨테이너 건물, 위층은 북극을 콘셉트로 삼아 얼음덩어리가 가득하고, 아래층은 휴양지를 테마로 하여 여유로운 기분을 자아낸다. 그러다가 어느 순간 위층 북극에 설치된 히터가 가동

되어 얼음이 녹기 시작하는데, 녹은 물은 파이프가 연결된 아래층 휴양지로 새어든다. 통신망을 통해 서로에게 책임을 전가하는 두 공간의 사람들. 그러나 에피소드 후반부에 문제의 근원인 히터의 가동 이유가 밝혀진다. 건물 바깥의 거대한 화면에 생중계되는 영상에는 본인의 집에서 일상을 즐기는 한 멤버가 나오는데, 환경 오염을 일으키는 그의 사소한 행동들이 북극의 얼음을 녹이고 휴양지에 홍수를 발생시키는 원인이었다. 상징적인 연출을 통해 나에게는 '별 거 아닌' 행동들이 어디에선가는 '별 거'일 수 있음을 이야기한 본 에피소드는, 북극 층의 얼음이 전부 녹고 휴양지 층이 완전히 물에 잠기며 끝이 난다.

이러한 결과는 비단 환경 문제에만 국한되지는 않는다. 하나의 계약에 엄청난 액수의 돈이 오고 가는 방위 산업에서는, 무기를 판매한 국가가 거대한 금전적 이윤을 얻는 반면, 다른 한 국가의 마을은 그 무기로 인해 쑥대밭이 된다. '유럽의 식량창고'라는 별명을 가졌던 우크라이나에 전쟁이 일어나자, 유럽은 물론이고 전 세계의 식품 물가가 치

솟았으며, 한국에 계엄령이 공포된 직후 원화의 가치는 전무후무할 정도로 바닥을 찍었다. 지하철 역사마다 엘리베이터를 설치해 달라고 시위하는 장애인 단체의 행동을 이해하지 못하는 사람도 있겠지만, 걷는 게 편치 않을 나이가 되었을 때를 맞이할 미래의 비장애인에게도 엘리베이터는 분명 필요하다. 뉴스에서만 보던 전세 사기의 피해자가 어쩌면 내 친구의 사촌일 수도, 산불로 집을 잃은 이재민이 내 직장 동료의 부모님일 수도 있는 것이 우리가 보지 못하고, 또 보지 않으려고 하는 진실이다.

이렇게 되묻기를 반복하면 남는 건 '전부 이어져 있다' 나와 일절 관련 없다며 물러서서 관망하는 태도를 지니려고 해도, 분명 마음 한구석에는 외면하는 자가 가지는 비애가 맴돌 것이다. 나는 세상을 사는 대부분 사람이 크든 작든 삶과 타인에 대한 연민을 본능 안에 묻어둔 채 산다고 생각한다. 그 연민이 흘러넘쳐서 주체가 안 되는 사람과 삶의 여러 과정에서 연민이 짓밟혀지거나 연민을 배우지 못한 사람이 뒤섞여 있을 뿐이다. 그 연민의 중요성을 알려주고, 이를 보편화하는 게 사회가 지녀야 할 가장 중요한 책임에 속할 것이다.

몇 년 전 우연히 발견한 나의 돌잔치 영상의 중간 부분에는, 아직 청년의 앳된 얼굴을 한 부모님이 이제 막 한 살이 된 나에게 편지를 읽어주는 장면이 나온다. 긴 편지라서 내용이 전부 기억나지는 않지만, 뇌리에 박혀 지금도 때때로 곱씹게 되는 문장이 하나 있다.

"지구 반대편의 사막 한가운데를 걸어가는 여행자마저도 너의 친구로 여기기를 바란다."

내가 있을 거라고 간주하지 않는다면 존재 여부조차 알 수 없는 사막의 여행자겠지만, 때로는 있다고 여기는 마음이 우리에게 필요한 전부이자 세상을 바꿀 힘 그 자체다. '은빛 세상'이라는 뜻을 가진 내 이름의 성씨가 '다', '전부'라는 뜻의 '함'인 게 퍽 마음에 드는 이유도 그와 마찬가지다. 나는 나의 은빛이 내 세상의 울타리를 넘어서기를 바라면서, 오늘도 사막 한가운데를 걸어가고 있을 누군가를 위해 기도한다.

이길 수 없는 싸움을 왜 하는 걸까?

예스 Jens, 독일, 지리학 전공

가끔은 세계 곳곳에서 쏟아지는 고통스러운 소식들에 압도당하는 기분이 들어요. 그렇지만 국제 관계나 정치에 대한 저의 관심은 그런 피로감을 능가하죠. 매일 세계 어딘가에서 사람들이 죽고, 민주주의가 위협당하고, 정의가 무너지고 있어요. 그래서 행동해야 한다는 책임감이 더욱 강하게 와 닿아요. 우리가 믿는 가치를 지켜내기 위해서는 목소리를 높이고, 불의와 맞서야 해요. 민주주의가 제대로 작동하고, 전쟁이 사라지고, 사람들이 서로를 존중하고 인권을 지키며 모든 사람이 평등하게 대우받는 세상을 꿈꾸거든요. 누군가는 "한 명의 행동으로 세상이 바뀌지는 않아."라고 말할지도 모르지만, 내가 바라는 미래가 오지 않을 수도 있다는 이유만으로 더 나은 사회를 만들려는 노력을 멈출 수는 없어요. 아무것도 하지 않으면서 상황이 개선되길 바라면 안 되니까요. 제 행동이 옳다고 믿는 한, 그 믿음을 이어가려고 최선을 다할 거예요.

 지금은 평균보다 조금 큰 수준이지만, 초등학생 때 내 키 번호는 언제나 뒤에서 두세 번째였다. 또래 친구들보다 키가 크다는 건 체육대회에서 계주로 선발될 가능성과도 비례하는 법인데, 정확히 기억은 안 나지만 6년 중 절반 정도는 계주에 출전했던 것 같다.

 더 어린 시절로 거슬러 올라갈수록 승부욕이 무척 강한 아이였던 나에게 계주는 자존심이 걸린 싸움이었다. 계주에서 이긴다는 건 단순히 나 혼자 승리를 거두는 게 아니라 반 전체 명예를 지킨다는 걸 의미했다. 유치원에서 발표한 첫 장래 희망이 '한국 최초의 여자 대통령'이었던 어린

함은세는 왕관의 무게를 견디는 일을 제법 즐기는 기묘한 소녀였고, 그래서 나는 계주 주자가 되면 뿌듯함을 감추지 못했다. 응원의 열기로 가득한 운동장에서 모래바람을 일으키며 죽도록 달려 역전 서사를 만드는 건 초등학생이 탐낼 수 있는 최대치의 쾌감이었다.

그러나 언제쯤이었을까, 어느 순간부터 딱 한 발짝이 모자랐다. 한 발만 빨라도 계주 주자가 될 수 있었는데, 그 한 발이 늦어 반을 대표하는 영광은 언제나 다른 친구에게로 돌아갔다. 개인 달리기를 해도 항상 학년 전체를 통틀어 애매한 상위권 정도에 그쳤다. 그게 몇 번 반복된 후부터 더는 기대하지 않게 됐다. 아무리 애써도 내 힘으로는 이길 수 없다는 걸 알았기 때문이다.

인생에는 그런 찰나가 있다. 얼마나 노력하든 이 이상의 무언가는 얻어내기 어렵다는 사실을 받아들여야 하는 찰나. 퍼부은 노력이 얼마만큼이든 그 양과 수준에 걸맞은 답을 돌려받지는 못하리라는 현실을 인지하게 되는 찰나. 누구나 한번은 그런 아쉬움과 좌절감과 슬픔을 경험해 봤을 것이다.

그런데 어떤 이들은 돌려받을 수 없음을, 이길 수 없음을 알면서도 싸움을 이어간다. 심지어는 처음부터 답이 뻔히 보이는 미래가 기다리는데도 도전장을 내밀기도 한다. 남들이라면 지쳐서 떨어져 나갈 과정마저 묵묵히 짊어지고 끝이 보이지 않는 전쟁터에서 자신의 운명을 시험하는 사람들을 지켜보고 있자면 가끔은 경외감마저 든다. 여기서 내가 지칭하는 사람들은 기업의 부당해고에 항의하며 농성하는 노동자일 수도, 소위 텃밭 지역에서 반대 정당의 후보로 나서서 선거 유세를 벌이는 정치인일 수도 있다. 가끔은 지하철에서 예수천국 불신지옥을 외치며 사비로 만든 전단을 나눠주는 기독교 신자로부터도 그 '사람'을 본다. 나와 그들의 의견이 달라도, 어느 지점에서는 그들 모두가 계주 주자로 뽑히지 않을 텐데도 이를 악물고 달렸던 초등학생 함은세와 엇비슷하다는 건 부정할 수 없다.

자연을 사랑하며 하이킹을 즐기는 독일 청년 옌스의 주변에는 그런 친구들이 많다. 옌스가 학부 생활을 한 프라이부르크는 대학 도시로, 독일 내에서도 진보적이고 개방적인 지역으로 명성이 자자하다. 특히 재생 에너지와 생명권에 대한 윤리적 관심을 토대로 한 친환경 정책은 세계 어느 곳에도 비할 바 없을 만큼 유명한데, 관련 내용은 한국에도 방송 등을 통해 여러 번 소개됐다.

그래서인지 옌스와 옌스의 친구들은 싸움에서 승기를 잡는 일을 언제나 후순위로 미뤄둔다. 그들이 중요하게 생각하는 건 이기거나 지는 이분법적인 결과가 아니다. 아무리 어려운 상황이더라도 행동하는 적극성과 지속적이고 반복적인 연대를 바탕으로 목소리를 내는 강인함이 그들에게는 곧 싸움의 목적 그 자체이며 싸워 나갈 힘이다. 극우 정당 '독일을 위한 대안(AfD)'이 독일과 유럽 전역을 충격에 빠뜨릴 정도로 강력하게 급부상하는 와중에도 프라이부르크 청년들은 굴하지 않음을 옌스의 SNS에 종종 올라오는 시위와 집회 현장을 보며 쉽게 알 수 있다.

옌스가 '이기지 못할 것'이라고 단정짓고 오로지 자기 회복을 목적으로 싸움에 참여한다고 말한다면 그 또한 잘

못된 이야기다. 당연히 옌스의 가슴 한편에서는 이기고 싶다는 의지가 열렬히 존재감을 호소할 것이다. 하지만 옌스가 말했듯이, 어떤 싸움은 '하는 것'만으로도 의미를 지닌다. 바뀌지 않을 거라고 비관하며 주어진 자리에서 쳇바퀴를 돌면 더 간단할지 모르지만, 허망한 안정감은 빈껍데기이며 들어찬 건 시대의 비극이 가져오는 침울한 공기뿐이다. 분명 무언가 잘못된 사회의 뒤틀림을 뼈저리게 느끼는데도 자기 자신의 나약함을 드러내기 두려워 정해진 선을 넘어가지 못하는 삶이야말로 옌스에게는 인간적 괴로움이고 비겁함의 상징이다.

그런데 싸우면 세상은 다르게 보인다. 거대한 어둠 앞에서도 맞서 싸우는 자기 자신을 발견하고, 나의 음성에 다른 이들의 음성이 겹쳐 더 큰 메아리가 만들어지고, 그럼 그 울림이 세상에 부딪혀 진동을 형성한다. 작은 진동만으로 두꺼운 벽에 균열이 일어나거나 모든 게 더 알맞은 자리를 찾아 돌아가진 않을지라도, 계속 발을 구르고 파열음을 만드는 삶이 주는 생동감에는 확연히 많은 가능성이 오밀조밀 메워져 있다. 그 가능성은 옌스가 심장에 품은 더 나은 사회에 대한 희망의 다른 이름이다. 누구도 차별받지 않고, 가난과 전쟁으로 인한 고통이 사라지고, 서로의 우주가 품은 무한함을 인정하며 발전하는 세계.

동명의 일본 소설을 원작으로 여러 형태의 콘텐츠로 제작된 〈바람이 강하게 불고 있다〉는 아마추어 수준의 칸세이 대학 육상부 학생들이 일본의 유명 역전 마라톤인 '하코네'에 출전하는 이야기를 다룬다. 육상부 소속의 학생 중 전문적인 경험을 가진 건 카케루와 하이지, 오로지 두 명인데, 그중 하이지는 부상으로 육상을 포기한 지 오래다. 여기까지는 스포츠 소년 만화의 일반적인 클리셰를 따르는 듯 보이지만 이 작품의 결말은 상당히 예상 밖이다. 오합지졸인 등장인물들의 서사가 하코네를 거치며 하나씩 드러나고, 고조된 감정선이 절정에 달한 상태에서 맞이하는 마지막 장면. 보통의 스포츠 만화라면 주인공 팀이 온갖 역경을 이겨내고 결국은 우승을 거머쥐며 끝나는 게 당연하지만, 〈바람이 강하게 불고 있다〉는 그렇지 않다. 육상에 대한 열정과 재능을 뒤로 한 채 부상으로 더는 달리지 못하게 된 주장 겸 코치 하이지가 반쯤 망가진 다리로 마지막 날갯짓을 보여주듯 온 힘을 다해 결승선을 넘고, 칸세이 대학은 우선출전권을 얻을 수 있는 순위 중 가장 끄트머리인 10위를 기록하며 작품이 마무리된다.

주인공인 칸세이 대학 육상부 10인 중 그 누구도 우승을 목표로 하지 않는다. 그들이 가진 단 하나의 목표는 중도 포기자 없이 결승 지점까지 달리는 것이다. 10위권 안에 들겠다는 다짐도 그들에겐 사실상 거창한 바람에 가깝다. 그렇지만 그들에게 달리기는 삶에 영혼을 불어넣는 움직임이다. 달리지 않아도 살 수 있지만, 달림으로써 그들은 연결되며 온전해진다. 우승이 목적이 아닌 역전 하코네처럼, 가끔은 너무나도 비효율적이고 무용한 행위만이 우리를 진정으로 살리는 법이다.

그 '살림'을 아는 이들은 이길 수 없다고 한들 싸우고 또 싸운다. 바위를 치는 달걀이 되길 망설이지 않는 건 부딪힘의 두려움을 몰라서가 아니다. 깨지고 부서지며 와 닿는 울분과 고통이 그림자 속에 안주하며 얄팍한 평온을 지키는 것보다는 아름답다는 확신, 그게 그들이 가진 전부다. 그러니 그들이 진정으로 지키려는 건 스스로와 세상 앞에서의 떳떳함이며, 그들의 싸움은 하나의 '리추얼'이다.

우리는 2024년 계엄령의 밤에 국회 앞으로 모인 대한민국 시민들, 1980년 5월의 어느 날 도청을 지키던 광주 사람들, 1919년 3월 1일에 태극기를 들고 목청 높이던 조선인들, 그리고 세계 곳곳의 많은 '전사'들의 존재를 안다. 역사가 된 그들의 외침과 투쟁을 마음의 잇새로 잘근잘근 씹어 삼켜 본다. 승리보다 고결한 존엄을 쟁취하려던 그들이 아니었다면, 내게 주어진 인간성은 지금보다 더 뭉툭하고 납작했으리라.

그래도 수많은 '이길 수 없는 싸움'이 '이긴 싸움'을 낳았고, 이러나저러나 '이기든 말든 싸우는' 사람들이 있고. 그렇게 반복되는 그 고귀한 싸움들 덕분에 지금도 내 마음속 희망의 끈은 조금씩 연장된다. 1분에 0.1cm씩, 아주 천천히. 그리고 단단하게.

진정한 정의란 무엇일까?

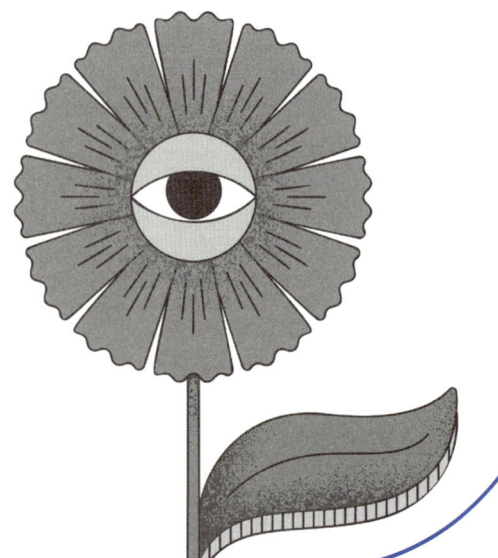

say

정은수 대한민국, 前 태재연구재단 특임연구원

 정의는 더는 '무엇이 옳은가'를 묻는 도덕적 판단의 기준이 아니에요. 지금 우리는 정의라는 개념 자체가 근대적 틀에서 벗어나 새로운 문명적 형식 속으로 이행하는 전환기에 서 있거든요. 기술이 윤리를 선도하고 데이터가 질서를 설계하는 21세기에 정의는 존재의 조건이자 질서의 미학이죠. 특히 디지털 시대의 정의는 법정에서 선고되는 것이 아니라, 데이터 센터와 알고리즘 속에서 끊임없이 실현되고, 조정되고, 학습돼요. 인간의 직관적 도덕 감정보다 훨씬 더 정교하고, 비인간적이며, 문명에 맞닿은 형태로요. 이러한 '질서의 설계권'을 가진 이들이 '정의'를 새롭게 '정의'하는 중인 만큼, '누가 판단하는가.'가 아니라 '어떻게 구조화되는가.'의 문제를 살펴봐야 하는 거예요. 문명적 세계관의 투영인 지금의 정의는 단지 공정한 절차나 도덕적 직관의 문제가 아니라, 어떤 문명을 선택할 것인가, 어떤 인간상을 기준으로 세계를 설계할 것인가에 대한

형이상학적 결단과 연결됩니다. 따라서 정의를 존재의 방향에 대한 물음으로 바라볼 필요가 있어요. 진정한 정의란 삶의 의미를 설계하는 능력, 공동체의 윤리를 계량화하면서도 훼손하지 않는 미학, 그리고 인간 너머의 존재까지 품을 수 있는 문명적 감수성 위에서 작동하는, 우리가 함께 설계해야 할 새로운 문명의 언어예요.

학교에서였는지 어디에서였는지 머릿속에 떠오르지는 않지만, 몇 번인가 '자기 삶에서 가장 중요한 키워드'를 뽑는 활동 같은 걸 한 적이 있다. 사랑, 평화, 노력, 인내, 끈기, 우정, 원칙, 이성처럼 여러 가지 단어가 써진 카드들을 쫙 늘어놓고, 거기서 개인적으로 절대 놓칠 수 없는 필수적인 단어를 세 장 정도 선택하면 됐다. 매번 정확히 어떤 단어를 선택했는지 기억한다고 하면 솔직히 거짓말이다. 그래도 정의는 늘 내가 고른 카드들 안에 들어갔다.

나는 항상 '정의로운 사람'이 되고 싶다는 꿈을 꿨다. 뭣 모르던 어린 시절에 장래희망으로 그냥 변호사도 아닌 인권 변호사를 말했던 건 '인권'이라는 말이 주는 정서적 효능감이랄까, 여하튼 그런 것 때문이었다. 내 돌잡이에 판사봉 같은 건 올라갔던 적도 없다. 누가 "변호사는 좋은 직업이야."라며 알려줬던 게 아닌데도 인권 변호사라는 상당히 구체적인 형태의 일을 그렸던 건 그 직업이 사람들을 돕고 내가 바라는 정의를 실현하는 데에 도움을 준다고 믿었기 때문이다.

그러나 나이가 들수록 정의는 그 의미를 점점 알기 어려워진다. 예전에는 내가 생각하는 정의가 언제나 명확한 형태와 맥락을 지녔던 반면, 지금은 정반대로 나 자신에게 아무리 묻고 또 물어도 답을 알지 못할 두루뭉술한 말이 되어버렸다. 그때는 정의롭다고 믿었던 것들과 사람들이 사실 전혀 그렇지 않았던 경험은 해가 가며 늘어나고, 또 그중 어떤 순간들은 마음에 깊은 상처를 남기기도 했다. 나에게는 당연한 정의가 누군가에게는 절대 통용될 수 없는 금기의 관념일 때도 있다. 그래서 이제는 무엇이 정의인지 잘 모르겠다. 심지어는 그 의미를 탐험하는 것조차 두렵다. 세상에 대한 나의 신뢰가 정면으로 부정당하는 게 겁난다.

이는 상당히 넓은 범위의 혼란이다. 산업화 이후 인간 사회는 한 치의 예측도 불가능한 롤러코스터 위에 올라탄 것처럼 극단적이고 자극적인 변화를 거쳐 왔다. 짧게는 수십 년, 길게는 수천 년 동안 형성된 원칙과 규약이 무너지고 여러 고통을 수반하여 재건되는 상황이 늘어났고, 그러한 문명적 변화 사이의 기간은 점점 압축되고 단기화하는 중이다. 반세기에 걸쳐 이뤄진 합의가 하루아침에 정치 지도자의 일방적 결정으로 인해 쓰레기통으로 직행하거나, 불과 얼마 전까지도 확언하지 못했던 AI 발전의 속도가 매일 곱절에 곱절로 빨라진다. 공동체라는 한 지붕을 가진 건물의 기둥이 로코코 양식에서 바로크 양식으로 바뀌는 것도 적응하기 어려운데, 어느 날 눈 떠보니 갑자기 3D 프린터로 뽑아낸 뼈대가 들어서고 홀로그램과 AR로 1시간에 한 번씩 디자인이 바뀌는 상황이 펼쳐지는 셈이다. 사회 구성원 간의 논의를 통해 하나의 시안이 정착되고 그 변화에 유연하게 대처하는 훈련이 따라와야 함에도 해당 과정은 도리어 너덜너덜한 누더기 상태로 진행되니 갈등이 심화하는 건 불 보듯 뻔한 일이다.

문제는 이러한 패러다임의 대전환이 공동체 내의 개인 혹은 집단의 희생을 양분 삼아 벌어진다는 것이다. 누군가 한 명은 죽어야 끝나는 러시안룰렛같이, 어느 정도의 불의와 핍박은 필수 불가결한 전제조건이 되었다. 물론 이는 인간 사회에 늘 존재하던 위협이지만, 지금 시대는 전에 없던 개념의 '전복顚覆'의 한가운데에 서 있다. 그건 기존의 혼돈과 현재의 혼돈의 '결'이 매우 다르다는 걸 의미한다. 지독하게 빠르게 바뀌는 세상에서 공공선과 인간의 연민 따위를 신경 쓰는 이들은 현실 물정 모르는 바보로 취급받는다. 옳고 그름을 판단하는 토대이자 사회의 기준점으로 작동해야 할 정의는 '먹고 살기도 바빠 죽겠는데 왜 신경 써야 하는지 모를', '귀찮고 허무맹랑한 허상' 정도로 여겨지며 먼지 쌓인 구닥다리 가치가 되어가는 건 참 슬프고 아프다.

나에게는 가장 가까운 동지인 정은수 님도 비슷한 고민을 해온 사람이다. 다양한 현장에서 활동가로 살아오면서도 뛰어난 현실 감각과 실사구시를 읽어내는 눈으로 본인만의 균형 잡힌 철학을 확립하고 있는 그는 과거의 방식으로 정의에 접근하지 말 것을 권고한다.

그에 따르면 디지털 시대의 정의의 주체는 그 세계 안에서 정의를 설계하고 구상하는 사람들이다. 4차 산업 등장 이전의 정의가 '공정과 균형의 싸움'에서 결과론적으로 제시되는 하나의 통일된 사상이었던 반면, 블록체인과 AI와 같은 신기술로 인한 격변은 정의를 일종의 이념적 아젠다이자 새로운 시스템을 시도할 실험의 판돈으로 바꾸어 놓았다는 것이다. 은수 님은 특히 미국과 중국이라는 두 강대국에서 정의라는 요소를 어떻게 대하는지에 주목하는데, 그의 눈에 미국의 정의가 '정확한 판단'과 '질서 있는 통치'를 구현하기 위한 목적성 아래에서 진화를 거듭하는 '거대한 데이터 거버넌스'라면, 중국의 정의는 '개인의 덕성'을 계량화하여 '윤리적 교화'와 '기술적 구현'을 지향하는

'수치화와 실행의 메커니즘'이다. 이렇듯 제각각의 파편화된 정의에도 보이지 않는 중심이 있다는 지점을 놓쳐서는 안 된다고 말하며 분산되고 자동화된 질서에도 설계자의 철학과 가치관이 깊이 내재한다는 사실을 드러낸다고 생각한다는 그는, 21세기의 정의란 단순한 윤리가 아닌 공동체 전체의 세계관을 정립하는 전반적 기틀이라고 말한다.

 나 역시 은수 님의 견해에 많은 측면에서 동의한다. 정의가 도덕적 차원으로 활용되는 시기는 이미 저물었다. 우리 시대의 정의는 작게는 개인, 크게는 제도와 공동체, 또는 국가의 논리를 반영하는 알고리즘이다. 무엇이 정의로운지에 관한 논쟁보다는 어떤 정의가 작용하는지에 대한 탐구가 더 그럴듯하다는 소리다. 한국인과 일본인을 데려다가 김밥과 초밥 중 뭐가 더 맛있냐고 묻는다면 (아닐지도 모르지만) 개인의 호불호와 상관없이 본인이 속한 집단의 정서를 반영하여 결정을 내릴 확률이 높다. 그런데 김도 없고 어류도 잡히지 않는 사막 국가의 시민을 대상으로 '맛보지 말고, 더 맛있을 거라고 예상되는 걸 선택'해 보라고 강요한다면 그 대답의 합리성을 따질 수 있을까? 지금의 정의가 바로 그렇게 작동한다.

이러한 현실에 어떤 반문이나 의문도 없다면 우리 미래를 낙관할 수 있을까? 여태까지의 많은 사회적 발전과 인간의 성장이 '설계된 것'과의 대결을 통해 태어났다. 제아무리 인간의 이성과 도덕성에 대한 의문이 쌓여갈지라도, 정의의 실존적 뿌리는 인간의 아이러니와 본능에 관한 문제를 돌파하고 '더 나은 존재'가 되려는 우리 자신과의 전쟁에 있다. 그렇기에 정의를 겨눠온 결심과 각오는 고결했고 혁명적이었으며 뜨거웠다. 시대의 차이를 반영하여 기존의 정의가 가졌던 윤리적 면모가 이제는 전부가 아니라는 사실을 받아들이는 건 중요하겠지만, 그 방향을 포기하고 '반문할 수 있는 힘'을 갖기를 거부하지는 말아야 한다. 그 힘이야말로 인간에게 허락된 가장 궁극적이고 거룩한 사회적 능력이기 때문이다.

모든 사람에게 같은 기회를
줄 수 있을까?

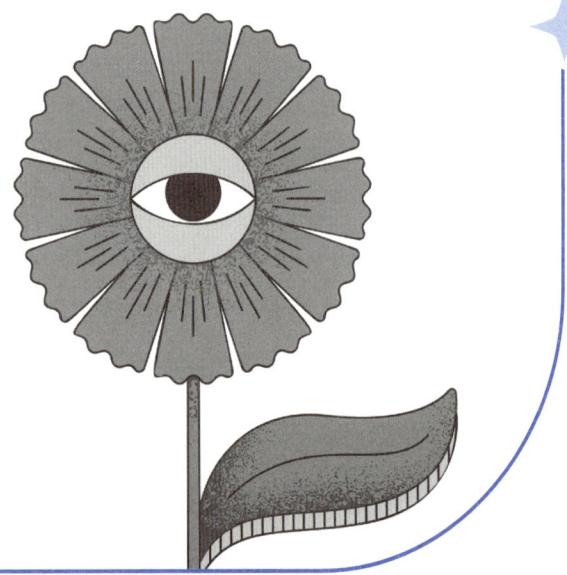

say

노연준 대한민국, 수의학 전공

   생각해 보면, 사회는 우리에게 같은 기회를 주는 경우가 많은 것 같아요. 기회의 개념을 형식적인 형태에서 이해한다면, 누구에게나 수능을 보고 공무원 시험에 응시할 기회가 주어진다는 게 예시일 거예요. 그렇지만 받는 사람에게도 이 모든 기회가 동등하게 느껴질까요? 수능과 공무원 시험을 볼 '관념적 기회'는 가졌지만, 응시 비용으로 낼 금액으로 오늘 하루를 먹고 살아야 해서, 기본적 생활을 유지하느라 바빠 공부할 여력이 없어서, 보편적으로 통용되는 수준의 교육조차 받지 못해서 '실질적 기회는 포기당하는' 경우도 많아요. 우리 사회의 지향점이 내가 가진 것을 지키기보다는 베풀고 더불어 살아가는 쪽에 가까워지길 바랄 따름이에요. 내가 당연히 누리는 게 누군가에게는 당연하지 않고, 내가 행하는 양보가 언젠가는 다른 누군가로부터의 도움으로 돌아올 수도 있다는 이해와 공감이 필요해요.

엘비아 Elvia, 브라질, 국제 애널리스트, 예술가

모든 사람에게 같은 기회를 줄 수 있냐고요? 그럼요. 그런데 지금의 체제는 사실 그 기회를 공평하게 나누기에는 많이 부패했어요. 사람들은 그 사실을 알면서도 지나치죠. 그럼에도 우리가 직접 행동한다면, 이 애달픈 현실이 서서히 변화할 수 있어요. 요즘 들어서 "왜 나는 누군가가 대신 나서서 해주길 기다리는 걸까?"라는 생각을 자주 해요. 비단 한 개인의 문제만이 아니라 전 지구적인 사안임에도, 내가 아닌 다른 이가 먼저 목소리를 내고 깃발을 들어 기회의 분배를 끌어내기를 바라는 거예요. 그러나 변화는 함께 행동해야만 시작돼요. 더 공정하고 건강한 기회의 취득과 경쟁을 넘어서는 상생을 추구하는 세상을 만들려면 "언제 세상이 바뀔까?"가 아니라 "나는 오늘 무엇을 바꿀 수 있을까?"라고 물어야지요. 평범한 개인이 자신의 권리를 인식하고, 그 권리를 갖지 못한 사람도 있다는 사실을 받아들이고, 평균의 역치를 상승시키려고 노력한다면 눈에 띄는 특권보다는 공통적이고 동등한 기회들의 등장이 더 보편화할지도 모르겠어요. 저는 진정한 기회의 공정을 이뤄내기 위해선, 기회 자체에 집착하는 것보다는 우리가 집단적이고 전체적으로 깨어나고, 정화하고 변화하여 이 세계의 불균형을 직시하는 것부터 시작이라고 생각해요.

'Nepo Baby네포 베이비'는 몇 년 전부터 급속도로 핫해진 단어다. 한국어로는 '족벌주의' 정도로 번역되는 'nepotism 네포티즘'에서 파생된 이 말은, 가족의 영향력을 등에 업고 쉽게 사회에 진출한 유명인들의 자녀들을 지칭할 때 사용된다. 특히 소셜 미디어의 힘이 막강해지며 할리우드에서는 이름을 들으면 알만한 스타들을 부모로 둔 경우 SNS 인플루언서로 성공하는 일이 많아졌다. 그 후광이 이후 방송가나 연예계로 진출할 때도 상당히 유용하게 쓰이는 덕분에 배우나 모델 등으로 데뷔하여 필드에 정착했으나 '이름값'을 하지 못하는 실력으로 비판받으며 대중의 입에 오르내리는 이들도 늘어났는데, 그럴 때 '네포 베이비'라는 단어가 빠지지 않고 등장한다. 물론 거기엔 일말의 긍정적 의미도 없다.

불과 백여 년 전으로 거슬러 올라가더라도, 귀족의 자녀는 태어날 때부터 귀족이었고, 노예의 자녀는 태어날 때부터 노예였다. 나고 자란 동네를 떠나지 않은 채 가업을 물려받는 게 일반적이었고, 도망친 반역자의 가족들을 깡그리 잡아다가 씨를 말리는 것도 당연했다. 지금은 근대까지 이어지던 극단적인 대물림 자체는 많이 사라졌지만, 그렇다고 그 구조가 아예 소멸한 건 아니다. 한국에선 재벌들의 족벌 식 기업 경영과 상속으로, 일본에선 에스컬레이터 입학으로, 미국에선 사립학교 커뮤니티로 그 양상과 형태만 바뀌었을 뿐이다.

그런데 깊게 뿌리박힌 출발선의 불평등을 당당하게 드러내다 못해 '즐겼던' 예전과 달리, 요즘은 그 불평등이 근원적인 문제라고 주장하는 걸 한심하게 여기는 사람들이 늘어났다. 사회는 모두에게 같은 기반을 제공하며, 만약 누군가가 가난과 핍박과 불공정으로 고통받는다면 그건 그 개인의 문제로 이해해야 한다는 것이다. 돈이 없으면 투잡을 하면 되고, 성적이 안 좋으면 밤새우면 되고, 학력이 별로면 대학원이라도 가면 된다는 예시가 대표적인데, 상당히 흥미로운 주장이다. 이 논리에 의하면 결국 모든 건 당사자의 노력 부족으로 벌어지는 일이니 '절대' 사회에 책임을 돌려서는 안 된다. 시스템과 구조에 이의를 제기하는 사람은 자기 몫을 책임지는 대신 회피를 선택한 인생의 패배자라며 조롱의 대상이 되고도 남는다.

수의학을 전공하는 대학생인 노연준 님은 그러한 패배자들이 '반면교사'로 삼아야 하는 케이스다. 한국 사회가 그토록 사랑하는 '성공적 입시 사례'의 당사자지만, 그는 본인에게 주어진 기회와 가능성이 다른 이들에게 동등하게 분배되었다고 말하기를 망설인다. 그가 본 세상은 공정과는 거리가 멀다. 표면적으로는 동일한 기회가 열려 있는 듯이 보일지라도 어떤 이들은 출발점에 서는 일 자체에 어려움을 겪는다. 기회는 어디에나 있다지만, 노력할 의지를 갖기조차 힘든 환경에서 자신의 미래를 꿈꾸는 게 사치인 삶에 사람들을 비난하는 게 과연 옳은 일일까? 물론 체계를 뜯어고치는 것보다는 그냥 외면하며 그들의 문제로 치부하는 게 훨씬 쉽다. 그러나 연준 님은 '허락받은 자'로서 더더욱 현실을 똑바로 꿰뚫어 보기 위해 애쓴다. 세상의 가능성을 누리는 건 멋진 일이다. 그 가능성을 자신의 것으로 만드는 과정을 일군 건 본인이기에 자신감도 있다. 그렇다고 직접 쟁취하지 않은 행운들마저 스스로의 공으로 돌리지는 않는다.

한국과는 조금 다른 이유로 '기회의 분배'를 그리기 어려운 곳도 있다. 엘비아는 브라질에서 나고 자랐고 지금은 볼리비아에 산다. 중남미는 한국만큼 치열한 경쟁으로 점철된 건 아니지만, 대신 경제적 불평등의 정도가 상상을 초월한다. 한창 꿈을 키우고 세상을 배울 나이의 아이들 중 다수가 불안정하고 위험한 환경과 어려운 가정 형편을 익숙하게 받아들인다. 매일 생존에 급급한 사람들에게 미래나 변화는 떠올리기 어려운 생소한 단어다. 애널리스트와

화가로서 현실과 이상을 넘나드는 삶을 지속하는 엘비아에게도 사회에 만연한 불균형은 세상을 향해 목소리를 높이게 만든다. 그의 화두는 불평등과 불공정 그 자체와는 미세하게 다르다. 모두가 각자의 이익을 좇아 살아가는 지구촌 사회에서 부와 가난이 만드는 간극은 필연적이다. 하지만 그런 간극을 저항 없이 수용하고 내가 아닌 타인이 현실을 바꿔주길 기다리는 건 모순이며, 기회의 장을 닫아버린 체제를 바꾸려면 체제에 대한 인식과 문제제기, 그리고 그에 대항하는 공동체 차원의 대응이 수반되어야 한다.

솔직히 까놓고 말해서, 내가 보기엔 '같은 기회' 자체가 일종의 사기에 가깝다. 우리는 전부 동일한 기회와 권리를 누린다고? 열심히 하면 인생이 달라질 거라고? 불가능한 건 아니다. 자기 자신이 근본적인 원인이었다면 또 모르는 일이다. 그런데 슬프게도, 세상에 스스로가 시발점이자 종착점인 재앙만 있는 건 아니다. 지금 이 순간에도 남에게 피해 끼치지 않는 오늘과 조금이나마 더 빛이 들어오는 내일을 꿈꾸며 온 힘을 다하는 사람들이 사회의 사각지대에서 살아간다. 허나 사회는 그들에게 눈길조차 주지 않는다.

나는 항상 내가 '운이 좋은 사람'이라고 말한다. 어린 나이에 학교를 그만뒀음에도 여러 경험을 통해 나 자신을 발견했고, 그 도전을 전적으로 응원하는 사람들이 주위에 있었고, 남들은 쉽게 얻지 못할 많은 기회를 만났다. 이런 개인적인 차원 외에도, 전쟁이 없는 경제 부국의 수도에서 태어났으니 일단 그것만으로도 행운이다. '네포 베이비'는 아니지만 누군가의 기준에서는 이만하면 충분히 괜찮은 삶이고 꿈같은 현실일 것이다. 그 사실을 잊지 않으려고 매일 나 자신에게 일러준다. '함은세, 네가 잘나서 이런 인생을 살고 있다고 착각하지 마.' 반쯤은 협박이고, 반쯤은 감사지만, 그걸 넘어서는 근본적 감정은 비통함이다. 나는 오늘도 운이 좋아 살아남았고, 운 좋게 살아간다. 나 말고도 많은 이들이 그렇지만 우리는 모두 그 사실을 자주 잊고 습관적으로 등진다.

그게 또, 계속, 여전히, 변함없이 날 울린다.

학위가 없으면 전문가가 아닐까?

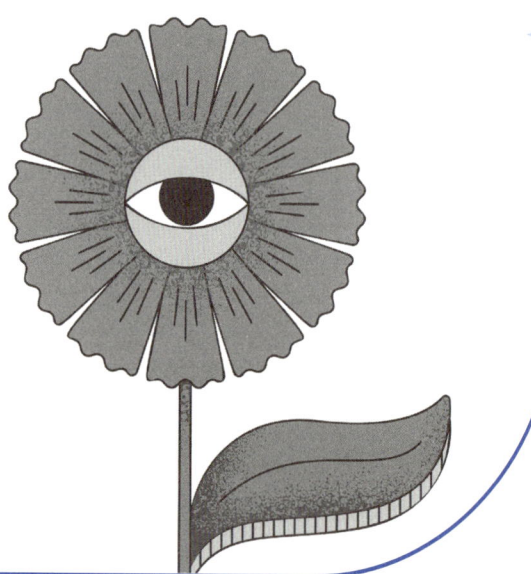

이진경 대한민국, 교육자, 기획자

학위요? 분명히 중요해요. 자신이 해온 노력을 보여주는 결과물이자 네트워크와 인적 인프라를 쌓게 돕는 디딤돌이니까요. 그런데 그것보다 더 중요한 건 이 모든 걸 넘어서는 자기 브랜딩이에요. 학위도 브랜딩의 일부로 활용되지만, 그보다는 나의 경험과 삶을 어떻게 큐레이션하는지에 따라 전문가로서의 역량이 결정된달까요. 많은 경우 운과 타이밍도 주요하게 작용하고요. 시대가 변화하면서 여러 경로를 통해 자신의 지적 능력을 계발할 기회와 방법이 늘어나는 중이잖아요. 오히려 이제는 하나의 정석적 학위를 가진 사람들보다는 끊임없이 바뀌는 세상의 흐름에 잘 적응하고 녹아들며 자신의 색깔을 담아내는 사람들이 진정한 전문가로 인식되지 않을까요? 그러다 보면 어느 시점에는 '전문가'의 의미 자체도 지금과는 조금 달라져 있을지도 모르겠네요.

함성민 대한민국, 前 자동차 정비사, 피자이올로

학문적 관점에서는 학위가 전문가를 정의하는 척도가 될 수 있지만, 그것만이 절대적인 기준은 아니에요. 제가 자동차 정비사로 일할 때, 저보다도 더 자동차에 대해 잘 이해하는 사람들을 많이 만났어요. 자동차를 향한 사랑과 열정으로 스스로 연구하고 경험을 쌓아온 '덕후'들 말이에요. 과연 그들을 전문가가 아니라고 말할 수 있을까요? 저도 마찬가지거든요. 정비사를 관두고 피자가 좋아서 학위도, 경력도, 자격증도 없이 피자를 만들게 되었죠. 물론 아직 부족한 점도 많지만, 하나 확신하는 건 제가 겪은 다양한 시행착오 덕분에 저는 이제 저 자신을 피자 전문가, 피자이올로Pizzaiolo라고 당당하게 소개할 수 있다는 거예요. 가장 중요한 건 현장에서 경험과 몸과 마음으로 직접 부딪혀 얻게 된 배움이에요. 한계를 두면 거기서 끝날 뿐이겠지만, 계속해서 달리고 최선을 다하면 학위 없이도 어느새 진정한 전문가로 거듭나는 것 같아요.

 서울 토박이로서, 다른 지역이나 외국에서 친구들이 놀러오면 꼭 데려가는 장소가 있다. 종로 3가에 위치한 오래된 록 바Rock Bar가 바로 그곳인데, 내가 스무 살 생일날 혼자 갔던 게 첫 방문이었으니 벌써 5년째 다니는 중이다. 1999년에 영업을 시작해 벌써 30년 가까이 운영한 곳이라 내가 태어나기 전부터 단골이었던 분들도 많다. 가게 문을 열고 들어가면 레트로 느낌을 물씬 풍기는 멋진 인테리어와 벽면 가득 꽉 채워진 LP판이 시선을 끈다. 끝내주는 오디오 시스템에서 흘러나오는 음악이 술을 부르지만, 아토피 때문에 1, 2년 전부터는 갈 때마다 그냥 탄산수만 마신다. 롤링스톤스의 기타리스트인 로니 우드와 비슷한 헤어스타일의 사장님은 언제나 최고의 수다 상대라서, 책을 읽거나 독일어를 공부하거나 노트북으로 작업을 하다가도 금세 사장님과의 대화에 빠져들어 깔깔대곤 한다.

사장님은 클래식 록에서 모르는 야사가 없다. 레드 제플린과 AC/DC가 밴드명을 어디서 가져왔는지, 마이클 잭슨 앨범의 기타를 누가 쳤는지, 데이비드 보위와 프레디 머큐리가 같이 노래를 녹음할 때 현장 분위기가 어땠는지 등등. 한동안 유행했던 '짬에서 나오는 바이브'라는 말처럼, 수년간의 내공과 경험으로 만들어진 그의 음악적 지식은 웬만한 음악 평론가는 뺨칠 정도다. 가게 운영 과정에서 겪은 일들을 엮은 책도 출간한 적 있다. 그가 개인 SNS에 올리는 글들은 음악 얘기와 시시콜콜한 일상사가 적절히 섞여, 가끔 바에 앉아 있으면 사장님에게 다가와 "글 잘 보고 있습니다."라고 말을 거는 사람들도 보게 된다.

내 기억으로 사장님은 영문학과를 졸업했다. 실용음악이나 문예창작 학위를 가진 분이 아니다. 록 바를 운영하기

전에는 그저 음악을 사랑하던 록 팬이었고. 그렇지만 적어도 나에게는 사장님이 종로 일대 최고의 록 전문가이며 음악 도사다. 아마 사장님을 알거나 바에 한 번이라도 방문해 본 사람이라면 내 말에 반박하지 못할 것이다.

나는 이런 이들을 꽤 많이 안다. 학위나 자격증은 없으나 그 누구보다도 전문가에 가까운 사람들 말이다. 특히 고등학교를 관두고 다양한 경험을 하면서는 더욱 그러했다. 사회가 정해 놓은 틀과 기준을 곧이곧대로 따르지 않더라도 자신의 길을 개척할 수 있고, 그러다 보면 어느 시점에는 전문가로 거듭나 자기 역량을 발휘할 기회를 얻게 된다는 걸 본인의 삶으로 입증해 낸 이들을 여럿 만났다. 그들의 이야기는 시작하기 전에 지레 겁먹던 나의 구겨진 용기를 팽팽하게 다림질해 주었다.

최고의 자동차 브랜드 전문 정비사로 살다가 피자에 대한 열정과 의지만으로 전혀 다른 인생의 문을 열게 된 피자이올로 함성민 님과, 수학을 전공했지만 교육자이자 기획자로서 각종 프라이빗 섹터에서 자신의 커리어를 일궈

나가고 있는 이진경 님이 그런 경우다. 처음 성민 님과 진경 님을 만났을 때 그들은 각각 자동차 정비사와 미디어 아트센터 직원이었다. 그 당시에도 두 사람은 이미 본인이 해나가는 일에 자부심을 품고, 남부럽지 않은 직업적 가도를 달렸다. 그러던 그들이 전혀 예상치 못한 삶의 문을 두드렸던 순간은 큰 귀감이 되었다.

성민 님이 연 피자 가게가 내가 다니던 서핑 숍의 1층에 아주 작은 규모로 오픈했을 때, 나는 그 가게의 첫 알바생이었다. 서핑 숍의 친한 정비사 삼촌이었던 그가 가장 맛있는 도우를 만들기 위해 몇 시간 내내 반죽을 하고, 가끔은 좋은 파도마저 마다한 채 화덕 앞에 서서 최고의 피자 퀄리티를 연구하던 모습은 당시 검정고시를 준비하던 나에게는 인상적인 자극이었다. 시험공부가 그 옛날 빨간 마스크 괴담 속 귀신보다도 무섭게 느껴졌던 건 내가 나를 넘어서지 못할 것 같은 공포 때문이었다. 그런데 내가 연습 문제 하나 푸는 게 귀찮아 노닥거리는 동안, 그는 피자를 굽고 또 구웠다. 그때는 그저 대단하다고만 생각했는데, 이제는 그 끈질김이 어디서 비롯된 건지 알 것 같다. 온갖 가게를 다니며 피자를 맛보고, 작은 차이에서 오는 맛의 질을 발견하려 끊임없이 고민하고, 익숙한 일을 뒤로한 채 새로운 일을 이 악물고 시도한 건 분명 그의 가슴 속 열정과 의지를 사르는 원초적 날갯짓이었을 테다. 그가 '학위가 전부는 아니'라고 자신 있게 말할 수 있던 것도, 그가 삶으로 증명해 냈기 때문이다.

진경 님도 그렇다. 그가 오랜 기간 거주하던 코워킹-코리빙 플레이스에 놀러 가서 대화를 나누면서 가장 인상적이었던 건 그의 눈동자 속에 반짝이는 도전에 대한 애정이었다. 그는 언제나 이전과는 전혀 다른 무언가를 선택하고 거침없이 뛰어드는 일을 즐겼다. 그 삶의 키워드는 IT였다가, 또 교육과 미디어, 외교와 무역, 예술이 되기도 했다. 지금은 패션 플랫폼에서 일하는 그에게 인생은, 항상 시도의 연속이고 변화의 세상 속 자신을 액체처럼 자유롭게 바꾸게 하는 하나의 큰 그릇이다. 그래서 그는 시시각각 바뀌는 사회의 흐름과 물결에 온몸을 맡기고 융화하는 능력이 학위보다 더 중요하다고 강조한다. 당장 우리 눈에 보이는 게 결코 전부이자 정답은 아니며, 그 너머에 존재하는 진실한 알맹이를 발견하려고 노력하는 사람들이야말로 이 복잡다단한 시대에서 꿋꿋이 살아남을 사람들이라는 것이다. 수용하고 적응하고 부딪히다 보면, 학위가 없더라도 몸으로 깨우친 전문가로 성장하게 된다.

두 사람은 나에게 '학위가 없어도 전문가가 될 수 있다'라는 믿음을 준 중요한 인생 선배들이다. 이탈리아에서 피자 공부를 하지는 않았지만 이제는 양양에서 가장 유명한 맛집으로 손꼽힐 만큼 독보적인 피자리아Pizzeria를 운영하는 이가 과연 피자 전문가가 아닐까? 전공하지 않은 여러 분야에서 자신의 지식과 경험을 접목하여 착실하게 본인만의 포트폴리오를 채워가는 이가 과연 해당 분야의 전문가가 아닐까? 오로지 학위에만 초점을 맞추어 개인의 실력을 판가름한다면, 그것이야말로 우리 사회 곳곳에서 자신의 세계를 뚝딱뚝딱 건설해 나가는 수많은 인재를 놓치는 지름길이 된다.

그런데 지금도 학위의 벽은 너무나 두껍고 촘촘하다. 블라인드 면접 등이 도입되며 그나마 그런 사례가 줄었다고는 하나, 여전히 학력 하나만으로 개인의 자질을 평가하는 경우가 넘쳐난다. 실리콘밸리를 필두로 다양한 글로벌 기업들이 채용 과정에서 학위를 완전히 배제하고 평가하는 등 이전과는 전혀 다른 형태로 인재를 발굴하는 일들이 늘어나고 있음에도, 아직 한국 사회에서는 학위가 곧 전체이자 전부로 여겨진다. 심지어 요즘은 학부를 졸업하고 나서 취업하는 건 거의 불가능에 가까워서, 앞뒤 재지 않고 대학원 진학을 선택하는 친구들도 많이 봤다. 논문과 연구의 정신적 고통을 극복할 정도로 학문적 관심이 큰 게 아니더라도, 이력서 학력란에 한 줄이라도 더 채워 어떻게든 경쟁력을 얻어보려는 시도다.

물론 학력이 곧 노력을 보여주는 지표가 될 수 있다는 사실에는 동의하지만, 어떤 경험과 그 경험이 만들어낸 삶은 일반적인 노력을 상회하기도 한다. 자기 자신이 곧 증거인 이들 앞에서 '전형성'을 따지는 것을 합리적이라고 말하기는 어렵다. 여기서 잠시 짚고 넘어가자면, 의사 시험을 통과하지 못한 사람이 메스를 잡거나, 1종 대형 면허가 없는 사람이 버스를 운전하는 건 상식 밖의 상황이다. (그러고 보니 케냐에서는 변호사를 사칭했던 젊은 남성이 본인이 맡은 재판에서 전부 승리한 뒤 정체가 들통난 적도 있던데. 그 사람은 무엇을 전공했을지, 학위는 있을지 궁금하다.) 적절한 자격을 요구해야 할 필요성이 따르는 상황에서는 학력을 활용하는 게 충분히 합리적이고 당연하다. 그러나 학력이 능력을 입증하는 유일한 방법이라고 봐서는 안 된다. 스스로 터득해 갈고 닦은 착실함과 센스가 잠재성을 만나 빛을 발한다면, 또, 이미 본인의 인생을 통해 걸어온 길의 유효함을 보여주었다면, 그걸로도 차고 넘치지 않는가.

음악 역사에 선명한 족적을 남긴 위대한 밴드들을 생각해 보자. 비틀즈, 레드 제플린, 핑크 플로이드, 퀸, 너바나, AC/DC, 블랙 사바스, U2… 종일 나열해도 계속 이어질 명단 속 밴드의 멤버 중 음악을 공부하거나 전공한 이들은 아마 무척 적을 것이다. 그렇지만 그들은 음악사에 강렬한

획을 그었고, 많은 이들의 삶에 엄청난 영향을 미쳤다. 이러한 레전드 뮤지션들에게 학위의 잣대를 가져다 댔다면, 고등학교 과정도 제대로 수료하지 못한 데이비드 보위는 진작 딴 일이나 알아봐야 했다. 덕분에 종로 3가 최고 록 전문가인 정 사장님이 탄생했으며, 그의 '기깔나는' 선곡으로 나는 좋은 노래를 수백 개는 더 알게 됐다.

화려한 학력으로 포장해도 뜯어보면 아무것도 없이 텅 비기만 한 '겉핥기식 전문가'들이 여기저기서 툭 튀어나오는 2025년, 서울대 법대를 나왔지만 '슈의 라면 끓이기' 게임 식 막무가내 국정 운영을 보여주던 어떤 분과 마흔이 될 때까지 본인의 출신 대학을 최대 업적으로 생각하는 모 정치인을 떠올리다 그냥 록이나 한 곡 더 듣는 게 더 나을 것 같아 핑크 플로이드의 〈Animals〉 앨범을 재생해 본다.

우리의 분노는 사회 변혁의
원동력이 될 수 있을까

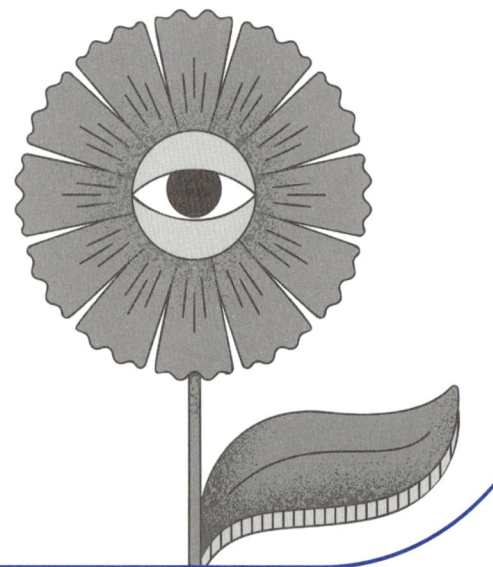

양 대한민국, 커뮤니티 디자이너, 기획자
애
진

  제 생각엔, 분노는 어느 시점에 가면 우리 자신과 주변 사람들을 지치게 만들어요. 이제는 강력하게 맞부딪히는 힘보다는 견디고 버티는 힘이 더 필요한 것 같아요. 무언가를 변화시키겠다는 의지도 중요하지만, 사실 우리의 모든 행동은 자기 안의 인간적 존엄성을 회복하는 과정인 거라는 생각으로요. 그러려면 이제는 공유하는 '감정'을 넘어서는 '서사'가 필요해요. 큰 줄기에서 사람들을 하나로 묶고, 다음 챕터로 이끄는 주제와 이야기들 말이에요. 단적인 표출에서 끝나는 대신, 서로를 포용하는 세계관을 형성하는 데에 더 많은 관심을 쏟고, 함께 인내하며 우리 모두를 치유하는 방향으로 변화할 때예요.

say

이한규 대한민국, ACLED 동아시아 태평양 리서치 매니저

분노 하나만으로 사회 변혁이 이루어지지는 않아요. 그럼에도 분노는 사회 변혁의 가장 중요한 요소죠. 극렬해진 사회 갈등을 봉합하는 다양한 방법론이 나오고 있지만, 분노라는 감정은 그 방법에 선행되는 중요한 촉매제일 거예요. 전쟁이 끊이지 않는 세상이고, 수많은 이들이 불안한 매일을 살지만, 안정적인 체제를 유지하는 동남아시아에는 일당 독재로 인해 목소리를 낼 기회조차 얻지 못한 시민들이 많아요. 사르트르는 "당신은 개인으로서 책임이 있다."라고 말했죠. 한국의 시민들이 평화롭게 보이는 일상을 뒤로 하고 거리로 향한 것도 그 때문일 겁니다. 분노하고, 저항하는 행위가 바로 개인의 책임을 다하고 새로운 사회를 창조하는 길이에요.

내가 정식으로 '(정치)바닥 사람'이 된 건 참정권 연령 인하 운동을 통해서다. 가진 거라고는 활활 끓는 패기와 삭지 않은 뼈뿐이었던 중학생 소녀는 추운 겨울날 국회 앞 타일 바닥에 앉아 농성도 하고, 언론사 인터뷰 영상에 출연해 수많은 악플도 받았다. 활동 기간 내내 화면 안팎을 넘나들며 다양한 욕을 자동으로 수집당하는 진기한 경험의 연속이었지만, 도리어 그런 비난의 화살은 내 안의 버튼을 눌러 길바닥에 앉아 목이 다 쉬도록 구호를 외치는 일을 일상으로 만들었다.

2016년의 탄핵 정국 당시 사람들의 손에는 촛불이 들려

있었지만, 그들의 내면을 자세히 들여다보면 이미 발화된 열기의 상태는 불꽃에 가까웠고, 종내에는 그것이 한데 모여 거대한 용광로가 되었다. 더 나은 사회에 대한 열망이 보이지 않는 마지노선을 넘어가면, 델 듯이 뜨거운 움직임으로 변모한다. 방송차에 올라가 울분에 찬 목소리로 발언하고, 평일이고 주말이고 할 것 없이 광장에 나가 세월호 천막에서 노란 리본을 만들던 당시의 내 삶을 굴러가게 만든 것도 '행동하고픈' 욕구였다. 집에 가만히 앉아 있을 수만은 없다는 인식, 온몸은 불길에 뒤덮인 듯 늘 작열했으며, 그 타오르는 감정은 어느새 나의 일부가 됐다.

그 감정에 이름을 붙이자면 분명 '분노'였다. 이런 세상에 살고 싶지 않다는, 불공정하고 정의롭지 못한 현실 앞에 침묵하고 싶지 않다는, 껍데기는 아직 아이에 불과할지 몰라도 나에게는 이 사회에 목소리 낼 힘이 있다는 분노. 지나간 역사에서도, 내가 서 있는 현재에도, 다가올 미래에도 이 분노가 뭉치고 커지는 것만이 세상을 바꿀 유일무이한 방법이라고 생각했다. 나처럼 분노로 요동치는 심장을 주체하지 못하고 마이크를 잡고, 펜을 들고, 카메라를 켜고, 버선발로 어디론가 달려가는 이들의 울분 섞인 눈빛을 보는 것만으로도 희열을 느꼈다.

   그렇지만 시간이 지나 다양한 사람을 만나고 여러 현장을 경험할수록, 분노에 대한 의문이 짙어졌다. 끝없이 분노하는 이들을 보는 나의 시각도 달라졌다. 설계자를 넘어서는 AI가 등장하고 정체를 알기 어려운 가상화폐로 벼락부자가 되는 시대가 왔음에도 분노하는 이들은 여전히 아스팔트 바닥에 앉아 머리에 빨간 띠를 두른 채 구호를 외쳤다. 또는 베트남 전쟁 반전 운동을 이끈 히피들이 그러했듯이, 깨닫지 못한 자들에 대한 계몽을 주장하며 통기타를 둘러메고 명상했다. 어느 쪽을 바라보든 20세기 말의 그늘이 여전히 그들에게 드리워져 있었다. 이제는 분명 21세기고 세상은 변했는데 사회 운동의 모양새는 그대로였다. 주먹을 꽉 쥔 그들은 분노를 자아와 일체화하여 '정당한 분노의 화신'으로서 각자의 거대한 벽과 싸움을 이어간다.

   국제기구에서 동아시아 태평양 지역의 무장 분쟁과 정치

폭력에 관해 연구하고 분석하는 일을 업으로 삼고 있는 이한규 님은 인터뷰에서 사회적 '분노'를 어떻게 받아들여야 하는지에 관해 다음의 문장을 들려줬다. 프랑스 사회운동가이자 외교관인 스테판 에셀Stephane Hessel의 전설적인 저서 《분노하라Indignez-vous》의 마지막 문장은 '창조, 그것은 저항이며, 저항, 그것은 창조다.'로 끝을 맺고 있다고 한다.

인류의 사회적 도약을 끌어낸 사건의 원인을 살펴보면, 그 바탕에는 분노가 있다. 특히 대한민국의 경우 분노의 힘을 몸소 체감하며 지금의 형태로 거듭났다. 세계적인 민주화 성공 사례를 만들어낸 5.18 민주화운동과 6월 항쟁, 평화적인 탄핵을 이루어낸 2016년 촛불 집회 등, 이제까지의 수많은 변화가 시민의 분노를 양분 삼아 싹을 틔웠다. 2024년 12월, 갑작스러운 계엄령에 시민들도 강추위마저 돌파하게 만드는 강렬한 분노를 안고 달려 나왔다. 분노를 허락받지 못한 이들도 많은 이 세계에서, '분노할 수 있음'은 민주성을 증명하는 지표이자 해당 시민 사회의 강력함을 보여주는 감각으로 작용한다.

그러나 과연 분노라는 감정만이 변화의 과정과 결말 또한 장식하는 단 하나의 동력일까? 커뮤니티를 디자인하고 영성이라는 테마에 대한 관심을 기반으로 글을 쓰고 활동하는 양애진 님은 우파의 결집력에 대한 호기심으로 참여한 윤석열 대통령 탄핵 반대 집회에서 독특한 장면을 여럿 마주했다. 극우의 폭력성과 구시대성을 믿어오던 그의 앞에, 예배와도 같이 신성한 분위기 속에 AI로 만든 노래를 부르는 집회 참여자들의 모습이 펼쳐진 것이다.

이는 아이러니하게도 사건과 상황에 대한 분노보다는 근원적인 동질성을 토대로 공동체가 된 이들이 발휘하는 힘을 보여준다. 그들의 의식 세계가 정녕 옳지 않다고 보는 건 그들의 반대에 서 있는 사람들일 뿐, 그들은 이미 현대적인 기술까지 접목해 가며 자신들만의 '더 나은 사회'를 만들기 위한 연대를 이어가고 있다. 극우 집회 참여자들이 소리 높여 부르던 노래가 비장한 가사와 웅장한 멜로디보다는 찬송가에 가까운 고결함(?)이 돋보이게 제작된 이유도 분노와 저항은 그들과는 거리가 먼 키워드이기 때문일 것이다. 그러면서 애진 님은 해군기지와 관련된 논란으로 오랫동안 몸살을 앓았던 강정마을의 활동가들과 함께 '인간 띠 잇기'를 경험한 이야기를 공유하며, 지금까지도 그곳에 남아있는 사람들은 가장 적극적이고 목소리가 크던 활동가들이 아닌, 삶 자체가 하나의 '수행'이 된 활동가들이라고 덧붙인다.

계엄령 이후 진행된 집회에서 사람들의 손에 들린 건 형형색색 아이돌 응원봉과 개성 넘치는 깃발들이었다. 사회 운동을 상징하는 민중가요뿐만 아니라 청년 세대들에게 익숙하며 한국의 문화적 위상을 보여주는 다양한 케이팝 음악들이 울려 퍼지는 광장에서 사람들은 마치 콘서트에 온 듯 연대하는 시간을 즐겼다. 결국 두렵고 불확실한 오늘을 꿋꿋이 이겨내게 만드는 건 절망 속에서도 희망을 찾는 이들에게 주어진 작고 눈부신 '즐거움'임을, 2025년의 대한민국이 보여주고 있다.

사회 운동을 했거나 하는 많은 활동가가 끝끝내 연소하여 자기 자신을 잃어버리는 건 이제 모두에게 당연한 일이 되었다. 하지만 분노와 일체화되어 감정을 지닌 주체의 본모습이 사라지는 게 과연 정답에 가깝냐고 묻는다면, 나는 고개를 저을 수밖에 없다. 그리고 개인적으로는 '사회를 바꾸기 위해 자기 삶을 바치는' 일들이 조금씩 사라지기를 바란다. 나는 건강하게 분노하기 위해서는 우리 자신의 존재 여부가 명확해야 한다고 믿는다.

영국의 작가인 D. H. 로렌스의 〈제대로 된 혁명〉이라는 시에는 '혁명을 하려면 재미로 하라.If you make a revolution, make it for fun.'라는 구절이 등장한다. 재미라는 단어는 혁명이라는 거창한 행위와 연결 짓기에는 너무나도 시답잖아 보이지만, 실은 그게 바로 우리가 지금 찾아 나서야 하는 변화의 원동력이 아닐까. 누군가는 광장의 플레이리스트가 지나치게 상업적이거나 진중치 못하다고, 온갖 형태의 응원봉과 깃발들이 행동의 의미를 저해한다고 지적할 수도 있다. 그러나 적어도 내게는 이것이야말로 '제대로 된 혁명'이자 '변화를 위한 변화'로 다가온다.

정치적 올바름은 늘 옳을까?

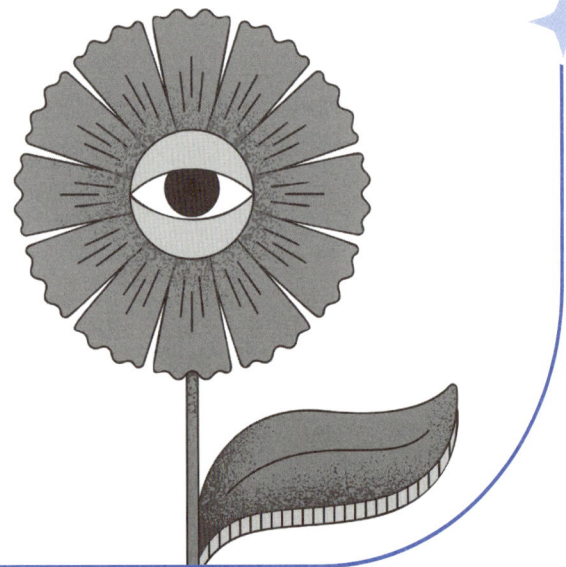

살로메

Salome, 프랑스, 국제관계학·아시아학 전공

say

저는 '정치적 올바름'의 중요성을 믿고, 그게 우리가 추구해야 할 목표라고 여겨요. 그런데 현재의 정치 담론에서, 많은 경우에 정치적 올바름은 형식적일 뿐, 원래의 의도대로 실현되지 않는 것 같아요. 최근에는 정치적 올바름이 가짜 도덕성이나 이상주의적 사고를 비판하는 의미로 사용되고는 하죠. 특히 극우 세력에서는 정치적 올바름이 실현 불가능하고 위선적이라고 비난하면서 자신들의 비도덕성을 정당화하려고 해요. '깨어있음 wokeness'도 비슷한 맥락에서 폄하되고요. 그러니까 사실은 우리가 마주하는 정치적 올바름은 실제로도 옳다고 인정받기에는 부족한 면이 많아요. 깊은 사유나 진보를 위한 고민에서 나왔다고 하기에는 표면적인 행위에 그치는 경우가 대다수니까요. 그럼에도 정치적 올바름에 기반을 두는 이념과 도덕적 원칙은 정치 시스템과 사회를 발전시키고, 더 나아가서 삶의 질을 향상하는 데에도 옳은 방향이라고 생각해요.

 안데르센의 동화 〈인어공주〉는 어린 시절의 나를 포함한 많은 소녀에게 공주와 판타지에 대한 로망을 심어준 작품이다. 깊은 바닷속에 살던 인어공주가 우연히 육지 왕자를 목격한 후 그를 사랑하게 되고, 본인의 목소리를 잃는 대신 다리를 얻어 육지에서 왕자와 만나지만 결국은 비극으로 사랑을 마무리하게 된다는 동화의 줄거리는 모르는 사람이 없을 정도다. 분명 세계에서 가장 유명한 이야기 중 하나라고 해도 과언이 아닐 테다.

 특히 〈인어공주〉의 주인공인 에리얼은 디즈니에서 애니메이션을 제작한 후부터 붉은 머리칼과 흰 피부를 가진 매력적인 외모의 여성으로 묘사되고는 했다. 머리를 빨갛게 염색한 여자 아이돌들을 '인어공주'나 '현실 에리얼'이라고 부르는 게 당연하게 여겨질 정도였다.

그러던 중 흑인 배우인 할리 베일리가 영화판 〈인어공주〉에서 에리얼 역할을 맡는다는 소식이 전해지자, 온라인과 SNS는 해당 배우의 인종과 외모에 관한 논란으로 도배 되었다. 댓글 창에서는 배우 개인에 대한 비아냥과 함께 'PC 묻었다'라는 말이 쉽게 등장했다. 영화가 스크린에서 내려간 지 이미 한참이나 지났지만, 해당 작품은 여전히 'PC주의'의 대표 격으로 여겨지며 비슷한 상황이 벌어질 때마다 공공연한 조롱에 시달리고 있다.

'PC'는 'Political Correctness'의 줄임말로, 한국에서는 '정치적 올바름'이라는 단어로 대체되어 사용되기도 한다. 인종이나 성별 등 정체성에 관한 여러 편견이 담긴 용어 또는 정책을 지양하자는 흐름에서 시작된 정치적 올바름은 최근에는 영화와 같은 문화 매체에서 기존의 획일화된 배경을 지닌 인물들 대신 다양성을 바탕으로 주요 캐릭터를 설정할 때 자주 언급된다.

언급의 방향은 대부분 비판적인 논조에 가깝다. 맥락에 맞지 않거나 개연성이 부족한데도 불구하고, 오로지 '다양성'만을 고려하여 억지로 유색인종, 비非이성애자, 장애인, 여성과 같은 비주류 인물을 '끼워 팔이' 한다는 게 PC주의에 항의하는 이들의 주장이다. 위에 언급한 〈인어공주〉 실사판을 예시로 들자면, '북유럽 국가인 덴마크의 작가 안데르센이 쓴 동화를 원작으로 한 작품의 주인공이 어떻게 흑인일 수 있냐'는데, 사실 그다지 틀린 말도 아니다. 내 주변의 덴마크 친구들만 봐도, 투명할 정도로 새하얀 피부에 금발과 파란 눈을 가진 게 일반적이다. 물론, 거기에서만 끝나지는 않고 "예쁘기라도 하면 모르지만, 그것도 아니고"처럼 말하는 이의 찌푸려진 미간이 상상이 가는 부정적 + α가 뒤따라온다. 생각해 보면 애초에 세상의 모든 공주가 초절정 미녀는 아니었을 것이다. 그러나 어쩌다가 '공주는 예뻐야 한다'는 분위기가 사회에 만연해진 건지는 알 길이 없다.

여하튼 'PC주의의 폐해'를 언급하는 사람들의 말마따나, 지난 몇 년 동안 세상에 등장한 콘텐츠를 살펴보면 특히 서양 문화권에서는 백인이 아닌 인종의 인물 혹은 '퀴어'라는 단어로 지칭되는 성소수자를 주요하게 활용하는 콘텐츠와 여성 서사를 기반으로 제작된 작품들이 부쩍 눈에 띄기는 한다. 〈메이즈 러너〉의 '민호'는, 언제나 어두침침하고 매니악한 착장으로 얼굴을 내밀던 아시아인 캐릭터에서 벗어나 판타지 블록버스터의 리더로 등장한다. 〈내가 사랑했던 모든 남자들에게〉의 '라라 진'은 하이틴 로맨스 코미디의 주인공으로 10대들의 목소리를 대변한다. 〈미스터 앤 미세스 스미스〉의 '제인'은 퀴어라는 정체성이 부여된 채 유명첩보 수사물의 리메이크판 주인공으로 거듭났다. 2010년대 초기까지만 해도 조연 취급받기도 어렵던 등장인물들이 작품의 전면을 이끌고 가 아카데미 시상식에서 오스카의 영예를 안거나 OTT 플랫폼의 흥행작으로 등극하는 경우도 생겨나고 있다. 관념과 공식을 무너뜨린 콘텐츠들이 단순한 양적인 증가를 넘어 선전하고 있다.

그럼에도 이러한 'PC 묻은 콘텐츠'가 전체 콘텐츠에 비해 유의미하게 높은 비율을 차지한다고 보기는 힘들다. 내가 소문난 미디어 중독자인 건 맞지만 당연히 세상 모든 미디어 콘텐츠를 전부 섭렵하지는 않았기 때문에 나의 체감보다는 더 많은 'PC 묻은 콘텐츠'가 생산되었을지는 또 모르는 일이다. 게다가 마블이나 디즈니처럼 거대 콘텐츠 기업에서 만드는 작품들이 팬덤의 기대를 '배반하는' 인물 설정으로 인해 여러 고비를 겪고 있는 것도 맞다. 그러나 아직도 대부분의 문화 산업 현장이 백인 남성을 중심으로 돌아가고, 어떤 소수자나 약자들의 이야기는 수면 위로 떠오른 한편, 여전히 지하 세계에 묻혀 파내질 기미조차 없는 이들의 이야기도 다수 존재한다. 어찌어찌 주요하게 다뤄진다고 해도, 오랜 구시대적 관념을 깨부수지 못하고 '표면적으로만' 정치적 올바름을 적용한 듯 보이는 경우도 태반이다. 그러다 보니 딱히 올바르지도 않은데 그렇다고 올바르지 않다고 말할 수도 없는, 보는 이의 시선만을 의식한 기묘한 경계선상의 결과물들이 나온다.

비단 문화 산업의 측면에서만 적용되는 내용이 아니다. 정책이나 시스템과 같이 우리 삶에 직접적인 영향을 끼치는 사안들에서도 이도 저도 아닌 모호한 성질의 'PC함'을 쉽게 만나볼 수 있다. '올바름의 대상'에게는 큰 도움이 되지 않을뿐더러 도리어 그들을 객체화하고, 당사자성을 띠지 않는 이들에게는 반발심을 일으키는 반쪽짜리 해결책들만이 무수히 쏟아지는 형국이다.

광범위한 차원에서의 정치와 사회 문제에 대한 큰 관심으로 국제관계학을 공부한 살로메도 바로 그 지점을 짚고 있다. 근래 들어 다른 모든 국가가 그렇듯이 상당히 우경화하긴 했지만, 그래도 긴 시간 세계의 변화를 이끌어왔던 프랑스에서 자란 살로메에게 다양성은 중요한 키워드다. 정치적 올바름은 하나의 형질로 서로를 존속시키고 일률적으로 묶어내는 사회에서 더 많은 존재와 정체성을 공개적으로 논의하게 만드는 시작점임은 분명하다.

그렇다고 해서 지금의 경향을 무조건 찬성하거나 수용하기에는, 살로메가 중요하게 짚고 넘어갔듯이 구멍이 숭숭

난 사례들이 쏟아진다. 할 거면 제대로 해야 하는데, 이제껏 소수자나 약자로 분류되던 이들에게 '팔릴 것'을 목표로 하여 '뭔가를 하긴 하지만' 그마저도 해당 공동체에 대한 제대로 된 이해는 동반되지 않거나 정작 전체적인 퀄리티는 포기한 콘텐츠들의 비율도 높다.

한편으로는 결코 주류로 판단할 수 없는 공동체의 구성원들이 비주류의 존재감이 커지는 일을 경계한다는 점도 인상적이다. 백인이었던 인어공주가 흑인으로 재설정되는 건 고귀한 원작을 파괴하는 그릇되고 급진적인 PC함이므로 분개하며 비꼬는 거라는데, 애초에 허구의 캐릭터인 남의 나라 공주 피부색이 어떻건 말건 뭐 그렇게 중요한지 도무지 이해할 수 없어서 한참 논란이었을 영화 공개 당시에도 나는 그냥 머리를 긁적이기만 했다.

이렇게 정리해 보니 확실히 지금의 '정치적 올바름'에서 남은 건 '정치적' 이라는 단어인 것 같다. 정치적이라 함은 설계 의도가 명백히 드러나는 전략을 일컫는다. 하지만 올바름은 누구나 동의하는 기준이나 의도를 제시하지 않는다. 각자의 판단에 맡겨져 있다. 그래서 사실 '정치적 올바름'이 보여주고자 하는 건 관습적으로 존재하는 정치적 약자이고, 이들은 그동안 소외된 사회 구성원들일 뿐이다.

현재 상황에 문제를 제기하되 정치적 올바름의 필요성은 명쾌하게 긍정한 살로메의 대답을 찬찬히 다시 읽어보다가 영화 〈아바타〉를 생각했다. 주인공이 평행우주와 엇비슷한 또 다른 세계에 접속해 독특한 신체와 파란색 피부를 가진 '나비족'을 만나 그들과 관계를 맺는, 즉 가상의 생명체에 관해 다룬 이 영화가 전 세계 흥행 1위 작품이다.

그럼 진짜 있는 생명체들 얘기 좀 하는 것쯤이야 괜찮은 거 아냐?

왠지 픽 웃음이 났고, 그건 이 질문에 쏟아부은 기나긴 고뇌가 무언의 대답으로 한꺼번에 대체되는 순간이었다.

세상은 정말 바뀔 수 있을까?

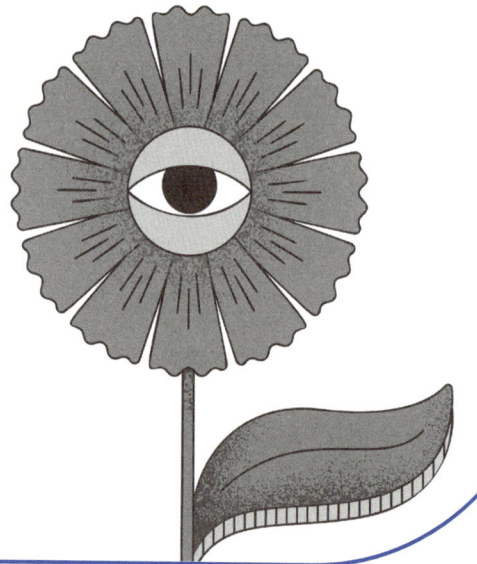

스테파니

Stephanie, 독일, 정치·사회학 전공, 정치기획자

세상은 항상 변화하고 있어요. 문제는 변화의 가능 여부가 아닌, '누가 그 변화를 이끌 것이며 그 변화로 인한 이익은 누구에게 돌아갈 것인가'예요. 자본주의 사회에서 권력자들은 현재의 질서가 필연적이라고 말하며, 억압을 합리화하고 저항은 무의미하다고 생각하게 만들죠. 그러나 변화는 가능할 뿐만 아니라 필요해요. 지금의 모든 사회적 시스템과 억압은 인간이 만든 거잖아요. 해체하고 바꿀 수 있는 것도 인간뿐이에요. 조직화한 움직임과 사람들의 집단적 의지, 그리고 그걸 통한 투쟁만이 변화를 불러와요. 권력은 그런 연대의 힘을 두려워해요. 억압받는 사람들이 똘똘 뭉쳐 역사를 바꾸고 기존의 체계를 무너뜨린 걸 이미 봤기 때문이죠. 세상은 바뀔 수 있고 바뀔 테지만, 변화는 주어지는 게 아니라 쟁취하는 거예요.

    내가 이른바 '연뮤덕(연극·뮤지컬 덕후)'인 건 친구들 사이에서 이미 유명한 사실이다. 초등학교 5학년 때 우연히 담임선생님의 추천을 받아 시험을 보게 된 서울시교육청의 뮤지컬영재원에 합격한 후 중학교 때까지 4년 정도 그곳에서 뮤지컬 공부를 했고, 열정은 예술계 고등학교 입시로까지 이어졌지만, 결과는 좋지 못했다. 일반 인문계 고등학교에 진학한 다음에도 나의 연기 사랑은 계속돼서, 학교 자퇴 직전까지도 뮤지컬 동아리에서 활동하며 정기공연 작품도 올렸다. 모든 게 서투르고 막막하던 첫 직장생활 당시 나를 지탱하던 것도 퇴근한 뒤나 주말에 대학로에 가서 공연을 보던 시간이었다. 월급을 받으면 꼭 공연 관람비를 따로 떼 두었고, 1년 동안 60여 회차를 관람했다. 물론 이 정도로는 공연 많이 본 축에도 못 낀다.

다른 사람들에게 최애 영화와 최애 드라마가 있듯이, 연뮤덕에게는 최애작이 있는 법이다. 최애작은 단순히 '가장 좋아하는 작품' 이상의 의미를 지닌다. 현장에서 직접 배우들의 호흡을 느끼고, 극 속에 풍덩 빠져들어 보내는 시간이 준 여운은 공연장 밖을 나와서도 지속되다 못해 가끔은 삶의 중요한 일부로 자리 잡는다. 공연 예술은 아무리 눈에 담고 마음에 새겨도 휘발되고 소멸하므로 더욱 아름답다. 자연스레 희미해지는 기억 속에서도 때때로 영원히 되짚게 될 한 장면이 마치 운명처럼 무대 위에 내려앉는 순간, 관객은 감각적으로 그 파편을 모아 영감의 창고에 저장한다.

나의 최애작인 뮤지컬 〈곤투모로우〉는 극작가 오태석의 희곡 〈도라지〉가 원작이다. 초연부터 이 극을 보고 '엄청난 감동'을 느꼈다는 친구가 6년 만에 돌아온 재연에 소위 말하는 '앉히기(지인을 위해 좋아하는 작품의 표를 사서 같이 관람하는 것)'를 시전하며 나를 데려간 게 이 독특한 뮤지컬을 만나게 된 계기였다. 도대체 그놈의 〈곤투모로우〉가 뭐길래 자기 돈까지 써가며 나에게 공연을 보여주는 건지 궁금했는데, 이듬해에 곧장 돌아온 삼연까지 합치면 내가 쓴 돈이… 그냥 그만 생각하기로 하자.

〈곤투모로우〉에는 주요 인물이 세 명 나온다. 개화파 수장 김옥균과 사실상 조선의 마지막 왕이라고 칠 수 있는 고종황제, 그리고 실제로 김옥균을 죽인 청년 홍종우를 모티브로 한 가상의 캐릭터 한정훈이 바로 그들이다. 김옥균이 삼일천하로 끝나는 혁명에 성공하지 못하고, 고종황제가 그를 암살하기 위해 프랑스의 외인부대에서 활동하던 암살자 한정훈을 청년 홍종우로 속여 접근하게 만들며 벌어지는 일들이 극의 주요한 장치로, 세련된 연출과 뮤지컬 장르에선 흔치 않은 액션과 서스펜스가 매력적인, 일종의 정치물이다. 갑신정변과 일제강점기라는 실제 시대적 사건을 다루기에 호불호가 분명하며 민감한 역사적 내용을 지나치게 극적으로 표현했다는 비판적 시각도 있지만, 꽤 근래까지도 단순히 '친일파' 정도의 납작한 해석으로만 대체되던 김옥균의 이야기를 입체적으로 나타냈다는 점을 비롯해 작품의 의의를 발견할 만한 부분이 여럿 존재한다.

작품에서 갑신정변이 차지하는 분량은 초반 10여 분 정도가 전부고, 1부 러닝타임의 90퍼센트는 혁명의 단꿈이 무너지고 펼쳐진 엘리트 정치인의 도피 생활과 그를 쫓는 암살자 한정훈의 만남과 심리전이다. 결국 김옥균은 한정훈의 손에 의해 죽음을 맞으며, 2부부터는 김옥균을 죽인 한정훈이 김옥균이 휘말렸던 역사의 폭풍 한가운데 서서 그의 짐을 대신 짊어지는 방향으로 극이 전개된다. 그러나 관객 모두가 예상하듯이 아무리 애써도 조선은 핏물과 울음이 덕지덕지 묻은 채 처참하게 패망하고, 한정훈의 기구한 운명 역시 막을 내린다.

〈곤투모로우〉는 전체적인 스토리라인이 이미 역사에 따라 정해져 있는 특이한 극이다. 사흘 만에 종료된 갑신정변, 김옥균 암살, 헤이그 특사의 실패와 일제강점기의 시작

등 '없던 셈' 치기에는 지나치게 본격적이고 암담했던 현실을 배경으로 하기에 처음부터 결말을 반쯤 예상한 채로 관람할 수밖에 없다. 그럼에도 불구하고, 극을 보는 사람이라면 하나같이 사실과는 조금 동떨어진 상황이 무대에서 벌어지기를 바라게 된다. 그게 혁명의 성공이든 조선의 기사회생이든 간에, 이 허구의 세계에서라도 무언가가 바뀌기를 기도하며 두 손을 꼭 모아보는 것이다. 하지만 당연하게도 그런 일은 벌어지지 않는다. 그래서인지 공연이 끝날 때마다 허무함과 슬픔이 섞인 웅성거림을 자주 듣곤 했다.

공연을 보고 있노라면 누구나 의문이 생기는 부분은 '그들은 과연 무엇을 위해서' 그들 자신의 삶을 전부 내던졌냐는 것이다. 특히 극 속의 한정훈은 '세상이 바뀔 거라는 믿음'이 이미 소멸한 자의 얼굴로 자신의 삶을 포기하며 마지막 총성을 울린다. 그 모습이 나의 뇌리에 박혀 잊히지 않게 된 건 어쩌면 극 속 한정훈 역시도 당장은 세상이 바뀔 수 없다는 걸 알면서도 그 작은 의지를 다음 세대에게 전승하기 위해 부딪혔기 때문일지도 모른다. 변화를 향한 한 줌의 희망이 꺾였음에도 끊임없이 다음 세상의 문을 두드리는 이들은 시대에 걸쳐 다양한 콘텐츠에서 등장하고 여전히 클리셰처럼 많은 사람의 가슴에 요상한 불꽃을 피워낸다. 아무리 무너지고 조각나도 '집념' 하나만으로 직진하고 또 직진하는 존재를 지켜보는 게 인간 역사의 중요한 엔터테인먼트로 고착된 셈이다. 그리고 가상세계를 넘어 실제 사회에서 그러한 집념을 보여주는 이들이 있었기에 우리는 지금 이 순간에 서 있다.

그러나 왜일까? 세상은 진보한 동시에 퇴보한 것처럼 느껴진다. 다 이뤄냈다고, 더는 사라지지 않을 거라고 믿고 손에 쥐었던 가치가 모래성처럼 무너져 손가락 사이를 빠져나가기도 한다. 한 발짝 앞으로 내딛는 데에 수십, 수백 년이 걸렸는데 역행에는 고작 몇 초, 몇 분, 며칠이 소요된다. 매일매일 세상에 대한 믿음이 점점 작아지고 이 거대한 우주 속의 내가 할 수 있는 게 없다는 현실의 직시는 마치 엄마 손을 놓친 아이의 심정이라도 알려주려는 듯 나를 두려움의 파도로 잡아끈다. 변하지 않을 거라는 절망이 언젠가부터 나를 집어삼키고 있다.

 그래서 더더욱 스테파니에게 묻고 싶었다. 정말 세상은 바뀔까? 우리가 잘하고 있는 게 맞아? 더 나은 날들이 올 거라고 어떻게 확신해? 하고. 뮌헨과 한국을 오가며 정치학을 공부하고 여러 방면에서 활동하며 세계에서 가장 중요한 정치 생태계 중 하나를 경험하는 중인 스테파니라면 분명 나에게 옳은 대답을 해줄 것 같았다. 그는 세상이 진짜 바뀌리라고 생각하느냐는 나의 맥락 없는 질문에 "세상은 계속 바뀌고 있어. 하지만 변화의 여부보다 중요한 건 그 변화를 누가 이끄느냐, 그거야."라는 답을 돌려주었다. 스테파니가 말하는 변화는 긍정과 부정으로 나눌 수 있을 정도로 간단하지 않다. 잔잔한 바다에 미약한 잔물결이 이는 것도, 엄청난 해일이 갑자기 잠잠해지는 것도 그에게는 전부 변화의 일부다. 이때 우리가 해야 하는 건 시시각각 바뀌는 수면의 움직임을 일으키는 바람의 정체다. 세상의 초침을 거꾸로 돌리려는 이들도, 미세한 차이를 알아채고 침의 속도를 조절하려는 이들도 그 바람의 모습으로 우리 앞에 나타난다. 심지어는 시계를 내던지고 박살내려는 이들까지도 그러하다. 그 변화의 향방을 눈치채는 건 우리에게 달렸다. 옳은, 건강한, 좋은, 나은 변화가 무엇인지는 모든 사람이 다르게 생각하겠지만, 적어도 사회의 군중이 아닌 시민이 되기 위해서는 우리 손에 주어진 변화가 어떤 모습을 했는지 파악할 수 있는 눈을 길러야 한다. 그게 곧 시민의 역량이며 역할이다.

그 눈을 가진 이들이 한두 명씩 모인다. 모이고 모여 점점 인파가 많아지고, 몇 명이 마주 잡던 손은 곧 광장과 세상을 몇 바퀴 돌고도 남을 끈끈하고 질긴 연대의 사슬로 진화한다. 그러한 진화를 거쳐 우리는 오늘날에 다다랐다. 스테파니가 강조하는 것도 이와 같은 연대의 힘이다. 변화는 앉은 자리에서 거저 얻는 게 아니라, 땅굴을 파든 수풀을 헤집든 해서 직접 캐내야 하는 어둠 속의 보석 같은 것이다. 그렇게 쟁취한 변화는 어디선가 데구루루 굴러와 나의 앞발에 챈 변화보다 훨씬 단단해서, 짓밟히고 으깨져도 결코 쉽게 성질이 달라지지 않는다.

세계의 청년은 지금

question
No. 3
; 진짜 민주주의란 무엇일까?

민주주의는 겉보기에는 이상적이고 단순해 보이지만, 실제로 실행하기에는 매우 복잡하고 어려운 체계예요. 다수의 결정에 따르더라도 항상 누군가는 이해받지 못하고, 모두가 동의하는 사회를 만들기란 거의 불가능에 가깝거든요. 저는 이상적인 민주주의는 개인의 자유를 보장하면서도 공동체의 규칙을 존중하며 균형을 잡아야 한다고 생각해요. 부와 권력이 소수에게 집중되지 않도록 견제할 필요도 있고요. 서로 다른 가치와 관점을 가진 사람들이 평화롭게 공존하고, 신뢰와 존중 속에서 결정하는 사회가 올바른 민주주의 사회예요. 그러나 현실에서는 '옳음'에 대한 기준이 각자 달라서, 강요되는 정의는 오히려 억압처럼 여겨지고는 하죠. 그래서 진정한 민주주의는 아직도 도달하기 어려운 먼 나라 이야기처럼 느껴져요. 한 명의 개인이자 미국이라는 나라의 구성원으로서, 평등하고 더 나은 사회를 향해 나

AJ
미국,
환경운동가,
도시 농부

아가던 시대는 저물었고, 과거로 회귀하는 과정에 있는 것 같아요. 이러한 퇴보조차 민주적인 방식으로 만들어진 결과고요. 그래서 민주주의라는 시스템 자체에 대한 신뢰가 옅어져 가는 게 아닐까요?

민주주의의 진정한 본질은 단순히 투표하는 행위에 그치지 않아요. 정의로운 사회를 만들기 위해 노력하고, 모든 목소리에 귀 기울이려는 태도에 있죠. 민주주의는 지도자들의 책임을 묻고, 시민들이 공동의 미래를 만들어가는 데 능동적으로 참여하는 것을 의미해요.

Anas
차드,
이커머스 전문가

사회 구성원 전체를 동등하게 대우하고 존중하는 거요. 특정 개인이나 집단이 다른 이들보다 더 강한 힘을 지니고, 그들을 통제해서는 안 돼요. 중요한 결정 사항을 제고할 때는 더더욱 모든 시민의 목소리가 똑같이 받아들여져야 해요. 그게 공정한 민주주의 사회의 가장 큰 핵심 요소일 테고요.

Ayako
일본,
지속가능성 상점
운영

고대 그리스에서 통용되던 본래 개념은 잊히고 근대적인 방식으로 재해석되면서, 민주주의는 사회의 작은 목소리를 간신히 들을 수 있는 최소한의 장치로 전락하고 말았어요. 문제는 그런 목소리를 듣는다고 해서 실제 변화가 일어나는 건 아니라는 점이죠. 민주주의가 무언가 도달하기 어렵고 지속 불가능한 권력 구조로 변형되

Elvia
브라질, 예술가
국제 애널리스트

면서, 우리의 진정한 모습과 존재 의의를 인정받는 게 기적처럼 느껴질 정도예요. 제도와 힘의 균형이 심각하게 무너지면서, 아무리 우리가 결정하고 선택한 것들이 결과로 이어진다고 해도 결국 우리 같은 '보통 사람들'에게는 권력이 '두려움'이라는 탈을 쓴 무언가에 그칠 뿐이니까요.

민주주의를 하나의 정답으로만 정의할 수는 없다고 생각해요. 사람마다 민주주의를 이해하고 받아들이는 방식은 다를 수 있잖아요. 그렇지만 어떤 민주주의든 제대로 작동하려면 꼭 필요한 조건들은 존재해요. 우선, 권력은 반드시 시민에게서 나와야 하고, 모든 사람이 사회 안에서 동등하게 존중받아야 해요. 법은 누구에게나 공정하게 적용되어야 하며, 국가는 개인의 자유와 권리를 지켜줄 책임이 있어요. 그래야 다양한 관점과 문화가 공존하는 민주주의가 건강하게 유지돼요. 마지막으로 권력 분립과 견제 장치는 민주주의를 지탱하는 핵심축이고요. 이 두 가지가 빠지면 체제가 금방 흔들리겠죠. 이러한 기본적인 요소들을 절대로 빼놓아서는 안 되는 것 같아요.

Jens
독일, 지리학 전공

민주주의의 핵심은 모든 사람이 동등하게 존중받고, 자기 목소리를 낼 수 있는 사회를 만드는 데 있다고 생각해요. 그런 의미에서 덴마크에서 자란 건 감사한 일이

Laerke
덴마크,
한국학·IT 전공

에요. 의료나 교육 같은 기본적인 권리가 누구에게나 보장되고, 제도 밖의 사람들을 위한 대안이 잘 마련된 곳이거든요. 다양한 정당이 존재하며, 청원과 같은 제도 덕분에 시민들의 정치 참여 역시 어렵지 않고요. 이러한 덴마크 사회에서 살면서 민주주의가 무엇인지 몸소 경험하고 있어요. 종교, 성적 지향, 인종, 성별 등과 관계없이 모두가 자신의 모습 그대로 살아갈 수 있는 자유를 주는 제도, 그게 바로 민주주의예요.

민주주의는 어떤 한 사람도 절대적인 진리나 권위를 독점할 수 없다는 것을 인정하는 태도에서 시작돼요. 서로 다른 개인들이 하나의 공동체로서 함께 살아가기 위해 각자의 목소리와 의견이 존중받아야 한다는 믿음이 곧 민주주의인 거죠.

Luis
온두라스,
컴퓨터공학 전공,
작가

진정한 민주주의의 본질은 자유와 직결되는 것 같아요. 그게 민주주의가 지향해야 하는 모습이고요. 다수결로 운영되는 기본적인 민주주의의 형태는 반드시 자유와 연결되지는 않겠지만, 개인적으로는 민주주의가 자유의 상징으로서의 의미도 가진다고 봐요.

Marcus
덴마크, 소방관

저에게 민주주의란 시민들의 의견이 정치와 정책 과정에서 제대로 고려되고 반영되는 제도를 말해요.

Minako
일본, 영미학 전공
독일 지사 근무

민주주의란 말 그대로 '국민에 의한, 국민을 위한' 정치 시스템이에요. 진정한 민주주의의 핵심은 국민이 스스로 선택하고 통치할 능력과 권한을 갖는 데 있어요. 우리가 스스로의 정치적 의견을 자유롭게 표현하고, 국가의 방향에 대해 발언권을 가지게 돕는 시스템이 민주주의니까요. 물론 거기서만 그치면 안 되고, 궁극적으로는 국민 삶의 질을 높이기 위한 수단으로 활용되어야죠.

Salome
프랑스,
국제 관계학·
아시아학 전공

민주주의는 단순히 투표를 하는 제도가 아니라, 사람들이 정치, 경제, 문화를 비롯한 삶의 모든 영역에서 주체적으로 참여하고 권한을 가질 수 있는 구조를 의미해요. 진짜 민주주의는 소수의 지배층이 모든 것을 통제하는 구조를 유지한 채 외형만 갖춘 제도를 넘어서 그 구조 자체를 근본적으로 질문하고 바꾸려는 움직임에서 시작돼요. 억압받는 이들이 목소리를 내고, 함께 참여하고, 연대하며 만들어가는 과정에서 민주주의는 비로소 살아 움직여요. 변화는 저절로 주어지지 않으며, 민주주의 역시 싸움을 통해 쟁취되는 것이라는 점을 잊지 말아야 할 거예요.

Stephanie
독일,
정치·사회학 전공,
정치기획자

2024년 계엄령 사태와 그로 인한 파장을 지켜보며 실감했어요. 민주적 절차를 통해 뽑은 대통령이 민주주의 존립 기반을 훼손하는 것을 보게 될 수도 있다는 사실을요. 모든 사람이 각자 의견과 주관을 지니는 만큼,

류한경
대한민국,
사진가, 번역가

가장 지고한 의도와 가장 저급한 간악함까지도 모두 '민주'라는 개념 범주에 포함되죠. 그렇다면 민주주의는 어떻게 자신의 존립을 훼손하지 않으면서도 내재한 악을 정화하고 제도적인 모순을 해결해 낼 힘을 얻을까요? 민주주의가 민주주의이기 때문에 수반되는 수많은 어려움과 문제점을 계엄령과 같은 폭력적인 방법 대신 다른 방식으로 해소할 수 있을까요? 길고도 험난한 길이겠지만, 제게 민주주의는 느리고, 너저분하고, 아프지만, 무엇보다 옳은 제도예요.

민주주의는 단순히 투표와 다수결이 아닌, 누가 시스템을 설계하느냐에 대한 권력의 문제예요. 21세기에는 '표'가 아니라 '코드'가 권력을 움직여요. 알고리즘, 플랫폼, AI 의사결정 체계 안에서 민주주의는 '선택의 자유'보다는 '질서의 설계권'에 가까워지고요. 그러니 진정한 민주주의는 시민이 자신을 규율하는 알고리즘에 참여하고, 이를 재설계할 수 있을 때 비로소 작동해요.

정은수
대한민국,
前 태재연구재단
특임연구원

세계의 청년은 지금

question
No. 4

; 미래 사회는
 어떤 모습으로
 존재할까?

사회에서 흥미로운 논쟁 주제로 떠오르고 있는 내용이죠. 세상을 어떻게 구할 것인지와 직결되기도 하고요. 어떤 사람들은 과거처럼 자연과 조화를 이루며 살았던 시대를 돌아보는 게 미래 사회를 존재하게 할 방법이라고 생각해요. 반면, 인간이 초래한 다양한 재난들로부터 우리 자신을 구할 길은 기술이라고 여기는 사람들도 있어요. 물론 기술적 해결책이 또 다른 문제를 일으킬지도 모르지만, 결국은 기술이 그 문제들도 해결해 줄 거라고 믿는 거예요. 저는 해답은 그 중간 어디쯤이라고 봐요. 개인적으로는 지속 가능한 삶의 방식을 더 지지하지만요. 기술이 삶을 더 편리하게 만들어주긴 해도, 거기에만 의존해서는 안 돼요.

AJ
미국,
환경운동가,
도시 농부

만약 지금의 상태를 지속한다면, 미래 사회는 분명 그리 긍정적인 모습을 띠지 못할 것 같아요. 불공평하고,

Ayako
일본,
지속가능성 상점
운영

불행하고, 스트레스 가득한 상태로 삶을 살아가는 이들이 많으니까요. 전쟁도 잦아지고, 기후 위기도 더 심각해질 테고요. 세상에 대한 희망을 가지지 못한 채 사는 사람들이 늘어나면서 출생률이 낮아지고 인구도 줄겠죠. 결국 먼 미래에는 인류가 멸종하게 될까 봐 걱정돼요.

이 질문에 대해서 저는 특별한 의견이 없어요. 누군가는 언젠가 다시 혁명을 시도할 수도 있고, 누군가는 성공할 수도 있어요. 그렇지만 아무 일도 일어나지 않을 수도 있죠. 체제가 우리가 꾸는 변화의 꿈을 삼켜버리고는 하잖아요.

Elvia
브라질, 예술가
국제 애널리스트

서로에게 친절하고, 존중할 줄 알고, 배타적이지 않고, 양보하는 사회가 되기를 바라는 마음이에요. 그런데 지금의 흐름을 보면, 사회는 정반대 방향으로 나아가는 중인 것 같아 두려워요.

Jens
독일, 지리학 전공

에코 펑크Eco Punk적인 세계가 되었으면 좋겠어요. 기술적 발전을 유지하면서도, 자연과의 조화 또한 이뤄내는 형태로요. 그게 제가 꿈꾸는 미래예요. 물론 현실적으로는, 기술을 중심으로 관료적이고 봉건주의적인 세상으로 회귀할 것 같아요.

Isaac
미국, 심리학 전공

지역과 나라에 따라 다르지 않을까요? 급격한 변화를 겪는 사회가 있는가 하면, 비교적 안정된 상태를 유지하는 사회도 있겠죠. 항상 예측 불가능한 상황을 거치는 미국 같은 나라에 비해, 덴마크는 극적인 사회적 변화보다는 점진적 변화를 통과할 가능성이 더 크거든요. 미래는 불확실해요. 추측하고 가정하는 건 가능하지만, 실제로 어떤 미래가 우리를 기다리는 중일지는 알 수 없어요.

Laerke
덴마크,
한국학·IT 전공

세계적으로 빈부 격차가 더 커질 것 같아요. 0.1퍼센트의 사람들이 세상의 거의 모든 것을 소유하게 될 거고요. 부유층의 지배 정도가 마치 근대에 그랬던 것처럼 강화되고 있어요. 인류와 자본주의의 상호 의존적 관계가 치명적 질병으로 변해 가는 중인 셈이죠.

Marcus
덴마크, 소방관

아무래도 기술이 발전하면서 더 편리한 사회로 거듭날 거예요. 그렇지만 사람 간의 소통은 점점 줄어들고, 개인주의는 더 확산할 것 같아요.

Minako
일본, 영미학 전공,
독일 지사 근무

미래는 인류의 것이지만, 그건 우리가 직접 쟁취할 때만 가능한 일이에요. 소수 사람이 부를 독점하지 않고 공정하게 분배되고, 착취에 가까운 노동 대신 공동의 선을 위시한 집단적 연대와 조직을 통해 구성되는 사회가 되면 좋겠어요. 감옥과 응징보다는 회복과 변화의

Stephanie
독일,
정치·사회학 전공,
정치기획자

정의를 실현하고, 지식은 학문 기관의 울타리에서 해방되고, 땅은 그걸 일구는 사람들의 손에 돌아가고, 문화가 이윤이 아닌 해방을 위한 도구로 창조되는 세상이었으면 하고요. 혁명적인 미래가 아니라면, 미래 자체가 존재하지 않을 거예요.

기술과 영성, 중심과 자치, 제국과 네트워크가 상호작용하는 '디지털 문명질서'로 재편될 거라고 생각해요. '디지털-로마(미국)'와 '테크노-중화(중국)'는 각기 다른 문명적 대답이지만, 공통적으로 산업문명 이후의 질서를 설계하고 있어요. 미래는 다중주체적이고 탈중심적이지만, 보이지 않는 중심 윤리가 흐르는 제국이 탄생할 거예요.

정은수
대한민국,
前 태재연구재단
특임연구원

thema 3

그럼에도 불구하고 해야 하는

피해자가 가해자가 될 수 있을까?

say

임 대한민국, 아산정책연구원 선임연구원
정
희

  얼마든지요. 가정폭력을 당했던 피해자가 똑같이 가정폭력을 행사하게 되는 경우가 있어요. 국제적 차원에서도 마찬가지예요. 오랜 기간 역사적으로 핍박받았던 국가나 민족이 직접 나서서 또 다른 이들에게 본인들이 지나온 시간을 똑같이 돌려주는 예시가 심심찮게 나타나잖아요. 오히려 피해자로서의 경험이 있기에 가해자로서의 인식은 부재한 채로 자신들의 행위를 정당화하고요. 가슴 아픈 건, 이 과정에서 많은 시민이 '자신이 속한 공동체가 만들어낸 이데올로기'를 '자기 생각'이라고 착각하고 투영하게 된다는 거죠. 하지만 어떠한 폭력도 결코 정당화될 수 없으며, 그 지점을 명확하게 인식하고 흑백논리로 피해자와 가해자를 나누는 행위를 멈추지 않는 이상 모두에게 상처만 남기는 역사는 계속해서 반복될 겁니다. 그래서 더 이야기하고 싶어요. 서로를 죽고 죽이는 반복을 멈출 수 있는 건 오직 시민들의 연대뿐이라는 걸요.

 2021년 겨울로 기억한다. 나는 미국에 머물렀고, 집에 있던 TV로는 연결된 채널이 몇 개 없어 뉴스만 시청할 수 있었다. 당시에 혼자 밥을 먹을 때 늘 켜놨던 CNN에는 미군이 아프가니스탄에서 철수한다는 내용과 관련된 속보가 하루에도 몇 번씩 나왔다. 그즈음 유튜브에는 오랜 기간 독일의 총리이자 EU의 리더 격으로 활동했던 앙겔라 메르켈의 퇴임식 영상과, 비로소 고국 땅을 밟은 홍범도 장군의 유해와 관련된 소식이 업로드되었다.

 상당히 설명하기 어려운 기분이 들었다. TV에서는 아프간 사람 수백 명이 미군 수송기에 대롱대롱 매달리다가 낙

엽처럼 우수수 떨어지는데, 휴대폰에서는 역사상 가장 성공한 지도자 중 한 명이 극진한 예우 속에 퇴임 행사를 치른다. 이게 지금 같은 행성에서 벌어지는 일이 맞나. 초현실적이라는 말밖에는 할 수가 없었다. 그래서 두 화면 모두 꺼버렸던 것 같다.

우리가 인지하지 못할 뿐, 세상 곳곳에서는 여전히 기막힌 일들이 벌어진다. 혹은 얼마든지 확인할 수 있는 장면들을 유심히 지켜보는 대신, 그냥 모르는 척 지나치기도 한다. 인간에게 '직면'은 공포고, 가끔은 '자기 부정'이다. 진실이 삶의 수면 아래로 수장당하는 일들이 우리 사회에서는 매일 같이 벌어지며, 그렇기에 인간의 역사는 곧 '외면의 역사'이기도 하다.

본질적인 문제는 직면할 것과 외면할 것을 철저히 분리함으로써 초래된다. 같은 초등학교에 다니는 두 아이, 은세와 서진이를 상상해 보자. 놀이터에서 은세를 마주친 서진이가 은세의 뺨을 때렸고, 은세의 부모가 그 장면을 목격했다. 이 경우에 은세는 놀이터에서 갑자기 얼굴을 얻어맞은 피해자고, 서진이는 폭력을 휘두른 천하의 나쁜 놈이다. 그러나 학교에서는 상황이 역전된다. 목소리가 큰 학생인 은세가 다른 친구들과 함께 서진이를 따돌린 지 벌써 반년이 다 되어 가는데, 서진이는 그 일에 대응할 마땅한 방법을 찾지 못하고 있다. 이렇게 되면 오히려 은세는 학교폭력의 주동자이며 서진이는 누적된 반년의 분노를 고작 '뺨 한 대'로 표현했을 뿐이다. 그러니 두 사람 모두 가해자인 동시에 피해자다.

개인부터 국가에 이르기까지, 피해와 가해 사이의 명확한 구분이 없는 사례는 심심찮게 발견된다. 모두가 다 그런 건 아니지만, 잔혹한 연쇄 범죄를 저지른 범죄자들 중 어린 시절 가정에서 극심한 학대에 시달리거나, 평범한 환경에서 성장하지 못한 이들이 꽤 많다. 가해의 대상이 타인에만 그치는 것도 아니다. 폭력에 노출된 당사자 중 습관적인 자해를 통해 고통을 해소하려는 사람들 역시 상대가 '자기 자신'일 뿐 피해와 가해를 동시에 경험한다고 말할 수 있다.

이러한 개인들을 통해 유추 가능한 건, 피해와 가해에는 연관성이 존재하며 그건 일종의 '메커니즘'과 비슷하다는 점이다. 당연하게도 어떠한 상황에서는 피해와 가해를 완벽히 별개의 것으로 나눌 수 있겠지만, 적어도 그 상황을 촉발한 '특정 배경'에서는 피해와 가해 간의 온전한 분리가 불가능하기도 하다.

국가나 세계의 차원에서는 그러한 면모가 더욱 부각되고 심화하는데, 여전히 현재 진행형인 러시아-우크라이나 전쟁과 이스라엘-팔레스타인 전쟁이 그 예시다. 우크라이나를 침공한 러시아는 우크라이나 본토를 공격하여 수많은 민간인 사상자를 만들었다. 병원, 학교, 교회처럼 암묵적으로 공격 대상에서 배제하는 장소들에도 폭격을 가해, 우크라이나 내의 많은 지역이 황폐해졌으며 전쟁은 사실상 '화해'가 아닌 '거래'의 형태로 종결될 것으로 보인다.

이스라엘과 팔레스타인 사이의 문제는 좀 더 복잡한 양상을 띤다. 오랜 기간 영토 문제로 분쟁을 이어오던 두 국가는 팔레스타인 무장 단체인 하마스가 이스라엘 사람들

수십 명을 갑작스럽게 납치하며 본격적인 전쟁 상태에 돌입했다. 그렇지만 이스라엘은 이미 오랜 기간 팔레스타인 사람들에 대한 학살을 이어왔고, 납치 사태 이후부터는 이제까지와는 차원이 다른 공격을 감행하고 있으며, 가자 지구에서는 어마어마하게 많은 이들이 지금도 계속해서 목숨을 잃고 있다.

과연 이 처참한 현실을 어떻게 이해해야 할까? 나는 전쟁 전문가도, 역사가도 아니기 때문에 명확하게 현재 시국을 진단할 수는 없지만, 그들의 갈등은 분명 보이는 것보다 더 다층적이고 복잡한 양상을 띤다. 우크라이나에 파병된 모든 러시아 군인이 자의로 전쟁범죄를 저지른다고 확신할 수는 없다. 원치 않아도 전쟁에 투입된 젊은 청년들도 많고, 폐쇄적이고 국수주의적인 국가 분위기에 의해 평생을 '개인'이 아닌 '러시아의 일부'로 살아와 무엇이 문제인지 알지 못한 채 나라의 부품이 되기를 자처한 이들도 있을 것이다. 그렇다고 해도, 러시아군에 의해 주변인들을 잃거나 직접 피해를 본 우크라이나 시민의 관점에서 그들은 전범에 지나지 않는다.

조국과 영토 없이 기나긴 기간을 살아온 유대인들은 제2차 세계대전 당시 나치 독일로부터 끔찍한 핍박을 당했다. 폴란드의 아우슈비츠-비르케나우, 독일의 다하우 수용소를 방문해 어둡던 세월을 가늠해 봤던 나는 그들이 겪어온 억압의 정도가 상상을 초월함을 잘 안다. 그래서 이스라엘이 가자 지구의 사람들과 팔레스타인을 상대로 보여주는 끊임없는 분노의 표출이 아이러니하지만 자연스럽게 느껴진다. 인간과 공동체의 트라우마가 증오의 원령이 되고, 그 영은 살기를 내뿜는 사신으로 변화한다. 우리는 이미 그러한 어둠의 진화를 수없이 마주해 왔다.

문득 제노사이드genocide 문제에 큰 관심을 가지게 된 계기인 나의 첫 배낭여행이 떠오른다. 베트남과 캄보디아에서 보낸 한 달의 시간은 다양한 의미에서 내 인생을 바꿔 놓았는데, 특히나 그들의 역사를 살피면서 큰 충격을 받았다. 용산전쟁기념관에는 아직도 한국군이 월남전에서 민간인을 죽이거나 전쟁 범죄를 행하지 않았다는 내용이 가득하지만, 호찌민의 전쟁박물관에는 베트남인뿐만이 아니라 한국군과 미군 사상자 수 역시 정확하게 명시되어 있었다. 실제로 한국군이 베트남에서 민간인 사살과 성폭력을 비롯한 전쟁 범죄의 가해자였음은 다양한 기록과 증거를 통해 알 수 있지만, 그에 관한 교육은 여전히 제대로 이루어지지 않는 상황이다.

'킬링필드'의 잔인함으로 대표되는 크메르루주가 비밀리에 운영한 캄보디아 프놈펜의 뚜얼슬렝 감옥에서 보았던 것 중 가장 경악스러웠던 건 감옥의 간수에 관한 부분이었다. 투옥된 사람들에게 상상치도 못할 만큼 소름 끼치는 고문을 자행하고 그들을 핍박했던 감옥의 간수 대다수가 미성년자거나 이제 막 성인이 된 젊은이들이었기 때문이다. 크메르루주는 나이가 어릴수록 적절한 판단 능력이 제대로 자리 잡지 않아 세뇌와 통제가 쉽고, 타인에 대한 폭력을 즐기는 철저한 '가해자'로 만들기에 간편하다는 사실을 알았다. 어떤 면에서는 매일 같이 사람을 죽이고 괴롭혔을 간수들 역시 국가 폭력의 피해자였던 셈이다.

국내 최고의 민간 싱크탱크 중 하나로 꼽히는 아산정책연구원에서 외교 안보 관련 문제를 연구하는 임정희 님은, 국가 간의 문제가 결코 하나의 유형이나 정답으로 정의될 수 없음을 누구보다 잘 아는 사람이다. 의도가 선하거나 자국의 이익을 위한 것이라고 해도, 그가 언급했듯이 국제법상으로는 폭력 행위에 지나지 않는 사례들이 세계 곳곳에서 드러난다. 그러나 '법적' 차원에서만 분석하기에는 세계정세는 지독히도 치열하고 복잡하다. 그러므로 어떠한 문제도 이분법적으로 접근해서는 안 되며, 국가의 이데올로기가 개인에게 미치는 영향, 그리고 그 이데올로기가 개인의 의견으로 둔갑하는 현상에 대한 심도 깊은 논의와 고민이 필요하다는 게 그의 시각이다. 거대한 공동체의 강력한 집권층 혹은 중심이 되는 헤게모니가 해당 사회 전체를 좌우하면서, 사회의 구성원 또한 그들의 방식을 따라가는 데 익숙해지고, 종내에는 그게 개인의 것으로 체화하며 역으로 아래에서부터 위로 거슬러 올라가는 과정을 통해 더 공고한 이데올로기가 형성된다는 것이다. 이러한 행태의 반복은 공동체와 그 구성원으로 하여금 '믿고 싶은 것만 믿게' 만든다. 우리의 결정은 늘 선하고 거룩하며, 저들이 곧 악의 무리라는 흑백논리의 등장이다. 개인과 사회 내면의 트라우마를 치유하고 분노의 사슬을 끊어버리는 대신, "내가 당했으니 너도 당해야지.", "나는 피해자였던 시간이 있으니 내가 하는 건 가해가 아니야." 같은 변명만이 이어진다.

러시아-우크라이나가 전쟁의 소용돌이로 빠져든 이후, 2019년에서 2020년으로 넘어가던 연말에 시베리아 횡단열차를 탔을 때 만났던 러시아 군인 '아르좀'이 종종 생각났다. 나와 거의 비슷한 나이였던 그는, 이미 가정을 꾸린 상태에서 입대를 위해 아내와 태어난 지 얼마 안 된 아이를 뒤로한 채 떠났다고 했다. 세계의 여느 젊은이와 다름없이 지극히 평범하던 러시아 청년 아르좀. 번역기를 이용해 말을 거니 손짓발짓을 섞어가며 대답하고, 차갑던 얼굴 위로 옅은 미소를 띠며 자신의 가족사진을 보여주던 그는 과연 어떻게 됐을까? 아무 일 없이 가족의 곁으로 돌아가 다른 아버지들처럼 자신의 아이가 자라는 모습을 지켜보고 있을까? 혹은 우크라이나 전선 어딘가를 망령처럼 떠도는 전쟁터의 일부가 되지는 않았을까? 만약 그러하다면, 그의 손도 다른 러시아 병사들의 손처럼 피로 물들었을까? 그럼 나는 그를 무어라고 불러야 할까? 결국은 모두 병들기만 하는 피해와 가해의 덧없는 굴레 속에 죽음의 세계로 건너가는 영혼들이 늘어날수록, 영원히 답하지 못할 질문들만 인류의 잔해처럼 자꾸 쌓여간다.

공동체가 개인보다 더 중요할까?

스베니아 Svenja, 독일, 사회복지사

아마 많은 사람이 공동체와 개인을 대립하는 개념으로 볼 거예요. 그러나 공동체나 사회 전체의 복지를 우선시해야 하지만, 저는 개인도 간과되어서는 안 된다고 생각해요. 각 개인에게 좋은 것은 공동체에도 도움이 되잖아요. 공동체와 개인은 오히려 상호 보완적인 관계라는 거죠. 저에게 '진정한 사회 발전'의 의미는 개인의 필요와 공동체를 위한 최선을 결합할 수 있는 완전히 새로운 개념을 만드는 일과 같아요. 공동체와 개인 사이의 결정은 근본적으로는 정치적 결정만이 아니라 윤리적 결정이기도 하니까요. 법을 형성하고 사회를 다루는 접근법은 지시하는 방식보다는 조언하는 방식이어야 하고, 개인이 독립적으로 공동체의 이익을 주장하는 것이 왜 의미가 있는지 이해할 기회를 마련해 주는 것도 필요해요. 그럼에도 결국 공동체가 개인보다 더 중요하고, 그 공동체의 모든 개인이나 소수집단을 돌보는 것이 지도자의 책임인 것 같아요.

아나스 Anas, 차드, 이커머스 전문가

철학적이고 심오하며 오래된 질문이네요. 그 어떤 사람들도 이 질문에 대해 같은 답을 내놓지 못할 거고요. 제 생각에는, 가장 중요한 점은 균형에 있어요. 공동체는 구성원들을 위해 존재하고, 개인들 역시 사회에 기여해야 해요. 어떤 측면에서는 개인은 사회라는 틀이 없이도 어느 정도 살아갈 수 있지만, 사회는 개인들을 반드시 필요로 하죠. 그럼에도 둘은 서로를 필요로 하고, 어느 하나 없이는 번영할 수 없어요. 공동체는 구성원이 존재하지 않는다면 유지되기 어렵다는 점이 다르겠죠. 결국 중요한 건 공동체는 개인들로 구성되고, 개인들은 공동체로 귀결된다는 걸 인정하는 거예요. 통합된 사회를 만들고 싶다면 이 둘의 균형을 맞추려고 노력해야 해요.

어느 날 갑자기 천재지변으로 인해 세상이 망하는 내용이 주가 되는 아포칼립스 영화에는 요약하자면 '혼자 살겠다고 기를 쓰고 탈출해서 조연들 다 죽이거나 주연을 엄청난 위험에 빠뜨리는' 캐릭터가 꼭 한 명씩 등장한다. 상당히 클리셰적인 빌런 롤인 셈인데, 그 인물은 대부분 극의 중반부쯤 자기가 놓은 덫에 걸리거나 본인이 한 일의 '업보 빔'을 맞고 타의로 퇴장한다. 죽는다는 뜻이다. 주인공은 거의 무조건 살아남는 걸 알면서도 조마조마하던 관객들은 그걸 보며 그나마 한시름 놓는다.

한때는 그런 캐릭터들을 보면 아무리 그래도 어떻게 저

정도로 이기적일 수 있냐고 분노하기도 했다. 픽션인 걸 아는데도 '지 살기 바빠서' 남들을 다 불구덩이로 몰아넣는 행동을 보면 열이 뻗쳐서 냅다 TV를 껐다. 이제는 사실 그 정도로 익스트림한 작품은 아예 보지도 않는다. 그런데 지금 와서 돌아보면 그들의 행동이 대충 이해가 갈 때도 있다. 그런 극단적인 상황에서는 모두가 자신의 생존에 급급하기 마련이니까.

하지만 근래 들어 아포칼립스 영화 같은 상황이 아닌데도, 자기 자신을 위해서라면 기꺼이 남을 구덩이로 밀어 넣을 사람들이 늘어나는 듯 보인다. 당장 죽고 살고의 문제가 떡하니 도래했으니 더 극적으로 변할 수밖에 없는 영화 속 상황에 비하면 상당히 일상적인 차원에서의 발현이다. 개인주의를 넘어 고립주의에 가까운 사고방식이 언젠가부터 '쿨하고 당연한' 무언가로 여겨지고 있다. 누가 밥 한 끼 제대로 먹지 못해 굶주리고, 안전장치가 부재한 위험한 현장에서 일하다 다치고, 자신의 존재를 부정당하며 침묵을 요구받고, 연인이나 배우자에 의해 살해당하고, 삶의 고통을 이기지 못해 스스로 목숨을 끊어도 일단 '내 알 바 아니'라는 듯 비극을 조롱하는 사람들이 심심찮게 관찰된다. 겹겹의 레이어로 드러나는 사회 구성원의 파편화가 위험하게 느껴지는 건, 이와 같은 태도를 견지하는 이들이 단순히 타인에게 무관심한 정도에 그치지 않고 공동체의 가치를 짓누르며 즐거움을 얻거나 다른 사회 구성원의 권리를 강제로 빼앗아 본인의 에고ego에 먹이를 주기 때문이다.

태국 여행 중에 만난 두 명의 노마드 친구, 스베니아와 아나스는 그 지점을 파고들어 현재의 극렬한 개인주의적 가치가 얼마나 과대평가되었는지 논한다. 독일에서 사회복지를 공부한 스베니아는 세계 곳곳을 여행하며 여러 공동체의 명암을 마주해 왔다. 그는 마치 한국 내부의 갈등을 알기라도 하는 듯 장애인 인권을 예시로 활용하면서, 사회적 약자 혹은 특정 집단 구성원들에게 직접적인 영향이 가는 정책이나 시스템이 오로지 그들에게만 긍정적으로 작용하는 건 아니라는 의견을 내비친다. 오히려 공동체의 다양한 일원들을 가시화하고 조명하여 그들이 겪는 어려움을 완화하는 과정이야말로 점진적이고 장기적인 관점에서는 모두를 포용하는 사회 구조에 도달하게 만드는 해법이라는 게 그의 생각이다. 지하철역에 엘리베이터를 설치하는 게 과연 이동 장애인에게만 도움이 될까? 모두가 결국에는 계단 하나 오르기도 힘들어지는 나이에 닿을 텐데, 현재와 미래의 노인들도 엘리베이터를 타고 편하게 이동할 수 있으니 잠재적으로는 사회 전체에게 필요한 일이다.

이처럼 공동체와 개인은 상호 보완적인 형태로 굴러가며 그 존재만으로도 서로를 살림과 동시에 또 함께 살아가는 동반자임을 인식해야 한다. 그렇다고 해서, 그가 개인을 공동체보다 훨씬 미약하게 받아들이는 건 아니다. 중국이나 러시아 등으로 대표되는 전체주의 정부가 그러하듯이 개인을 국가에 종속시키는 방식은 절대 적절하지 않다고 가리킨 그는, 공동체가 개인을 설득하고 끌어안으며 협력의 동행으로 거듭나야 함을 계속해서 강조한다.

자신을 꿈과 야심을 품은 사람으로 소개하는 아나스는 공동체와 개인 중 무엇이 더 중요하다고 정의하는 대신, 무엇에도 치우치지 않으며 균형을 맞추려는 공통의 노력에 초점을 맞춘다. 자신의 모국이 아닌 타국에서 나고 자랐음에도 국적을 유지하며 자신의 '차드인' 정체성을 유지하는 중인 아나스는 입국 심사 중에 곤란을 겪은 적이 많다. 한국 공항에서도 출국 비행기 티켓과 숙소 예약 내역이 있음에도 불구하고 입국 불허를 당한 경험이 있는 그는 그럼에도 어떤 상황에서든 '공동체'를 여전히 중대한 가치로 둔다.

개인이 속한 공동체가 그 사람을 설명하는 단 하나의 경로는 아니지만, 공동체는 결론적으로는 여러 개인을 통해 유지되고, 개인은 공동체 안에서 단순한 존재 이상의 가치를 부여받는다. 그러니 무엇이 더 크고 입체적이라고 말하는 건 상당히 외람되며, 우리는 끊임없이 이어진 개인 간의 사슬, 그리고 그 사슬이 만들어낸 사회라는 울타리를 적절히 밀고 당기기를 멈춰서는 안 된다. 그 밀고 당기는 힘은 공동체를 형성하고 유지하고 끝내 변혁에까지 다다르게 돕는 원천이면서도, 개인에게도 공동체 내에서의 직접적인 효능감을 얻게 하는 진실한 경험으로 작용한다. 하지만 적절한 긴장을 따라 발휘되는 균형이 사라진다면, 공동체와 개인은 한꺼번에 와르르 무너질 수밖에 없다는 게 그가 이 질문을 바라보는 시선이다.

다른 질문들도 모두 마찬가지이지만, 이 질문에는 특히나 더욱 온전하고 정석인 모범답안을 찾기 어렵다. 우리는 공동체를 앞세우는 논리에 얼마나 많은 개인이 자신의 얼굴과 목소리와 심지어 삶까지도 잃었는지 익히 보아왔다. 그러한 개인의 말살은 아직도 세계 곳곳에서 이뤄지고 있다. 위에서 언급한 과거와 현재의 여러 전체주의 국가에서, 폐쇄적이고 기계적인 조직에서, 가끔은 가족과 같이 아주 사적이면서도 핵심적인 차원에서도 무분별하고 만연한 게 개인의 소멸이다.

하지만 그 정반대 역시 다르지 않게 해괴하고 위태롭다. 오로지 '나'를 위해, '나만'을 위해 살아가는 것으로도 모자라, 극도로 지나친 자기중심적 사고를 경계하는 이들을 웃음거리로 만들고 '공동체'라는 단어 옆에 '따위'라는 수

식어를 붙이는 사람들의 증가는 과연 무엇을 의미할까. 허접하기 짝이 없는 위압적 태도로 타인 위에 올라서려는 개인을, 우리 사회는 이대로 방치해도 되는 걸까.

  자꾸만 '나'를 필요 이상으로 앞세우며 세상만사 못 본 척하기 바빴던 요즘의 나에게 밀려오는 건 막막한 부끄러움이다.

우리는 왜 서로를 미워할까?

임 대한민국, 북 디자이너
지
선

    우리 사회는 효율성을 위해 개성을 몰살시켜요. 그러한 분위기가 나와는 다른 사람을 비정상적인 존재로 인식하게 만들죠. 다른 걸 틀린 것이라고 여기게 하고요. 하지만 결코 누구도 나와 같을 수 없어요. 차이는 굉장히 자연스럽고 적절한 것인데, 그 차이를 받아들이고 이해하려면 품이 많이 들잖아요. 그러니 나 자신도 살기 힘든 세상에서 상대방을 궁금해하지 않고, 차라리 비난하며 차이를 부정하는 게 훨씬 쉬운 일처럼 여겨지는 게 아닐까요? 그게 결국 다른 이를 향한 미움으로 탈바꿈하고요. 그렇지만 아무리 지난한 과정이라 해도 우리는 타인을 받아들이기 위해 노력해야 해요. 이해하는 지점에 다다르지 못하더라도, 그 노력이 세상을 바꾸는 힘이 된다고 믿어요.

전범선 대한민국, 밴드 '양반들' 리더 겸 가수, 작가

세상의 양분화가 근본적 문제예요. 우리는 모든 것이 둘 이상으로 쪼개지고 나누어져 있는 걸 당연하게 여기며 살아요. 특히 한국 같은 분단국가에서는 더더욱 그렇고요. 하지만 넓은 관점에서, 우리 모두 자연의 일부일 뿐이에요. 결국 세계는 전부 하나의 공동체에 속해 있어요. 우리가 함께 대응해야 할 수많은 문제 앞에서 서로를 부정하는 건 어떠한 해답도 되지 못해요. 나와 상대를 적으로 만든 건 그 무엇도 아닌 '시스템'이라는 걸 깨닫고, 지구상 모든 존재가 한 식구라는 사실을 인정하는 게 가장 필요해요. 그리고 미워하기만 하던 나의 원수를 사랑하며 그들과 삶의 하모니를 만드는 시도를 해나가야겠죠.

흑인 인권운동의 대부인 마틴 루터 킹 주니어Martin Luther King Jr.는 다양한 방식으로 여러 명언을 남겼지만, 그중에서도 "어둠은 어둠을 몰아낼 수 없다. 오직 빛만이 그렇게 할 수 있다. 증오는 증오를 몰아낼 수 없다. 오직 사랑만이 그렇게 할 수 있다.Darkness cannot drive out darkness; only light can do that. Hate cannot drive out hate; only love can do that."라는 말은 그가 평생을 바친 비폭력 저항 운동의 핵심을 관통한다. 자신의 상처와 아픔을 상대에게 똑같이 돌려주는 대신 성숙하고 아름다운 방식으로 대응하는 마음가짐이 필요하다고 생각했던 그의 생각이 엿보이는 문장이다.

그로부터 60여 년이 지난 지금, 그야말로 대혐오의 시대가 도래했다. 어둠을 몰아내려는 생각으로 어둠을 선택했다면 차라리 낫겠건만, 그저 어둠을 살포하는 걸 목표 삼아 끝없이 미워하고 또 미워하는 행태가 하나의 놀이이자 스포츠가 되었다. 모든 것을 표현의 자유로 포장 가능한 미디어 권력이 심화하고, 마치 인스턴트 식품을 전자레인지에 돌리듯 간편하게 뚝딱, 자신의 의견을 표출할 수 있는 환경이 조성된 것도 이러한 대혐오 시대 형성의 주요한 원인이다.

본인의 행위에 왠지 모를 불안감과 자책감을 느끼고 익명성이라는 가면을 쓰기를 택했던 사람들이 많았던 시절도 이제는 옛날얘기다. 지금의 혐오자들은 본인을 만천하에 드러내고 그에 따른 리스크를 즐긴다. 그들을 자기 자신 내면에 자리한 혐오의 대리자로 삼는 걸로도 모자라 '혐오의 신'으로 받아들이는 군중이 넘쳐나는 탓이다. 미워하는 것 자체를 하나의 목적이자 의도로 삼은 이들의 말과 행동이 사회를 흔들지만, 그 공격의 당사자가 되는 이들은 제대로 된 방어조차 하기 어렵다. 혐오는 권리 취급을 받는데, 그 혐오로부터 보호받을 권리는 어쩐지 허술하기만 하다.

상처받는 이들은 주로 사회의 가장 그늘진 지점에서 매일을 생존해 내는 약자들과 소수자들이다. 그들에게는 대부분 그들 자신을 지켜낼 방패막이 없다. 쓰다가 버릴 부품 정도로 취급받다가 사고 혹은 자살로 삶을 마감하는 이주 노동자들이, 정체성을 밝히는 것만으로도 집단 린치의 대상이 되어버리는 성소수자들이, 존재 자체가 비아냥의 도구로 활용되는 장애인들이 그러하다. 혐오자들은 그 사실을 알고, 본인에게 짓밟히는 이들의 신음을 보란 듯이 감상한다. 위계 성폭력 2차 가해자가 무조건 인종주의자이지는 않겠지만, 대부분의 혐오주의자들은 가능한 많은 이들을 미워하고 헐뜯는다는 건 확실하다.

극단적인 혐오자들만이 타인에게 적개심을 드러내는 것도 아니다. 사실상 우리 모두 누군가를 미워하며 살고 있을 것이다. 사적인 감정이라 하여도, 잘 들여다보면 온전히 개인적이지만은 않다. 사회와 시스템이 만들어낸 편견이 나와 상대 사이의 원한이나 적개심, 미움으로 탈바꿈하는 사례는 우리 주변에서 심심찮게 발견된다. 반대로 사적인 감정이 공적인 혐오의 껍데기를 입고 드러나는 때도 있다. 농어촌 전형으로 대학에 입학한 학생에게 절반의 노력을 운운하고, 임대 아파트에 사는 아이는 문제적 행동을 일삼을 거라고 선입견을 가진다. 개인적 경험인지 사회 분위기인지 모를 어지러이 뒤섞인 미움으로 인해 모든 개인과 개인이 속한 여러 공동체가 적대시하는 허구의 혐오 대상이 늘어나고 중첩됨은 분명하다.

책에 대한 애정으로 여러 분야 중에서도 북디자인을 선택한 임지선 님과 음악을 기반으로 세상과 소통하며 다양한 방면에서 사회 운동을 전개하는 전범선 님이 전혀 다른 삶을 살아왔음에도 사회에 팽배한 미움의 원인을 '다름'에서 찾은 건 흥미로운 대목이다. 두 사람의 생각이 세부적으로는 일치하지 않는 것처럼 느껴져도, 그것 역시 '다르기 때문에' 당연한 일이다. 그럼에도 그들은 개인 간의 다름을 포용하는 것을 넘어, 서로의 차이를 사랑하는 행위가 미움을 초월하는 가장 근원적 해결법이 되리라고 공통으로 이야기한다. 그런 점에서 지선 님은 타인의 다름을 인식하는 행위가 어떤 경우에는 사랑의 방식 중 하나라고 본다. '달라서' 미움이 시작되는 경우도 생기지만, 그 '다름'이 도리어 상대를 탐구하고 싶게 만드는 근원으로 작용하여 애정으로 발전할 수도 있다는 것이다.

그건 범선 님의 '원수를 사랑하라'라는 발언과도 일치하는 맥락인데, 범선 님은 우리의 다름이 자연의 산물이며, 그 사실만으로도 우리는 같은 공동체(자연) 안에 속한 구성원이라고 연결 짓는다. 조금 더 개인적으로 해석하자면, 이는 곧 미움이 문제인 것처럼 보여도, 원래 가족은 서로를 사랑하고 미워하기를 반복하는 '애증'의 관계라는 점에서 영원히 미워하려고 애쓸 필요가 없다는 뜻이 아닐까. 눈여겨보면, 많은 경우 우리는 '나서서' 미워한다. 에너지를 쏟아가며 그 미움을 '배출'하기를 반복하는 동안 나와 상대의 인간성은 동시에 희끄무레해진다. 그런데 미워하는 대상도 어느 순간에는 사랑의 대상으로 진화할 수 있다. '미운정 고운정'도 그런 맥락에서 등장한 말이다. 그러니 그 대상에 대한 미움과 사랑 중 어느 것을 근본적 감정으로 삼을지는 우리 자신이 결정하는 일이다.

미움이 비단 타인만 상처 입히는 건 아니다. 누군가를 미워하는 행위는 자신을 향한 칼날이 된다. 미워하는 대상에서 나를 발견하는 순간 그 미움은 나에 대한 미움으로 변하고, 나에 대한 미움은 세상 전체를 향한 미움으로 부풀려진다. 이를 거꾸로 생각하면, 자신을 미워하는 이들이 그 누구보다 앞장서서 세상을 미워하고, 자신이 아닌 다른 사람을 미워함으로써 자기 내면의 구멍을 채우는 것일지도 모르겠다. 공허하게 뻥 뚫린 부분에서 콸콸 물이 쏟아져 나올 때 휴지를 마구 뽑아 밀어 넣는 것처럼, 남을 미워하는 그 순간만큼은 자신을 미워하는 마음을 잠깐이나마 잊게 되니 말이다.

사랑하고, 포용하고, 인정하고, 이해하는 일보다는 미워하고, 증오하고, 비난하고, 손가락질하는 게 훨씬 쉽고 간편하다. 그러니 달리 말해 사랑하는 이들이 용감한 이들이다. 나 자신을 사랑하는 행위만으로도 벅차서 견디기 어려운 세상임에도, 그들은 용기 있게 타인을 위한 에너지를 쓴다. 나만이 아닌 다른 이도 자신의 세상으로 끌어당긴다. 명징하고 공격적인 감정이 더 간단한 모양새를 띤다는 사실은 말 그대로 사실에만 그친다. 꾸역꾸역 자신의 삶에서 힘겹게 헤매면서도 남에게 손을 내밀고 품을 여는 사람들은 너그럽고 당당한 움직임으로 귀찮은 부대낌을 택한다. 내 기억 속에 더 찬란하게 남은 건 그런 영혼들이다. 그런 이들의 눈빛과 마음이 때때로 나를 살렸고 영원히 내 안에 새겨졌다. 나는 그래서 악착같이 사랑에 매달린다. 메마르지 말자고 되뇐다. 그게 나 역시도, 죽어가는 내 안의 불꽃도 구한다는 것을 알기에. 대혐오의 시대, 증오가 판치고 미움이 태산처럼 쌓여도, 빛과 사랑을 논한 마틴 루터 킹의 말은 아직도 유효하다. 그래서, 그러므로, 그리고 나는 여전히 사랑을 믿는다.

say

김태연 대한민국, 前 이더리움 파운데이션 팀원, 디지털 노마드 수행자

행복이라는 두 글자에 시대에 따라 변화하는 의미와 맥락, 사회적인 내러티브를 전부 담기 힘들고, 그래서 행복은 무엇이라고 일반화하는 건 무리죠. 더군다나 국가 체제가 더욱 강화되면서, 개인의 고유성이 많이 말살됐잖아요. '소확행'이나 '워라밸'처럼 작은 단위에 집중한 단어들이 등장한 것도 한 명 한 명의 행복에 집중하기 시작해서일 테고요. 제가 초점을 맞추는 건 '반드시'라는 말이에요. 무의식적으로 불행이라는 말에 더 공감하는 삶들이 가득한 우리 사회는 어쩌면 너무 지나치게 표면적인 행복을 추구하고 있는 게 아닐까요? 행복은 개인의 경험과 주변 환경에 따라 계속해서 변화하는 건데 말이에요. 고정된 개념이나 사회적 통념을 좇는 것보다는, 가능성을 발견하고, 다른 이들과 소통하고 공감하며 서로의 행복의 의미를 공유하는 게 우리 모두의 행복을 찾아낼 방법이에요.

say

우경선 대한민국, 웹툰 작가, 예술가

인생에서 행복함은 필수인 것 같아요. 행복하지 않다면 삶에서 어떤 의미를 찾을 수 있을까요? 인간에게는 그저 생존만이 전부인 삶 이상의 것이 분명 필요해요. 덧없이 흔들리는 불안정함 속에서 가장 단단한 기반을 다지고 비로소 안정을 찾는 것, 개인적으로는 그게 인생의 가장 중요한 목적이라고 봐요. 사람마다 그러한 안정과 거기서 연결되는 행복을 추구하는 방식이 다르고, 기준 역시 제각각이니 본질적으로는 어떻게 설명하면 좋을지는 잘 모르겠어요. 그렇지만, 최소한 그걸 쟁취하고 자신의 것으로 만들기 위해 조금씩 앞으로 걸어가는 게 원동력이 될 수 있을 거예요. 아무리 사소하고 평범한 행복이라도, 자기가 믿고 사랑하는 가치를 붙잡으면 그게 삶의 동아줄로 변모하기도 하니까요. 자신에게 소중한 나만의 행복을 찾는 여행, 그게 진실한 인생의 다른 이름이라고 생각해요.

불면증과 기면증을 둘 다 앓은 사람으로서, 월등히 괴로운 건 기면증이었다. 심할 때는 졸음을 주체 못하는 수준을 넘어 정신을 차려보면 이미 나도 모르게 깜빡 잠들어 시간이 훌쩍 지나 있었다. 식당에서, 교실에서, 최악의 경우 길을 걷다 홀린 듯이 벤치에 앉아 기절하듯 그대로 곯아떨어졌다.

불면증은 불면증 나름대로 힘들었다. 몇 년간 복용하지 않았던 수면제를 다시 먹기 시작한 것도 벌써 반년 전 일이다. 약을 걸러도 새벽 두세 시면 잠들지만, 문제는 아침에 일어날 때까지 수십 번은 깬다. 잠을 잤다고 하기에도 부끄러운 수준이다. 친한 친구들은 내가 밤새워 뒤척이며 앓은 다음 날이면 금방 차이를 눈치챈다. 내가 봐도 거울 속의 내 눈이 반쯤 감겨 있으니 그럴 만하다.

멀쩡하지 못한 잠으로 인한 스트레스를 안다면 양질의 수면이 가져오는 행복 역시 알 것이다. 1년에 열 번 될까 말까 한 '제대로 잔 날'은 나한테는 체감상 350년에 한 번씩 돌아오는 듯한 황금연휴와 맞먹는 수준이다. 얼마나 제대로 잤는지에 따라 하루의 시작과 끝이 달라지고 일상을 대하는 마음가짐이 차이가 난다. 잘 잔 날에는 뭘 해도 머리가 팽팽 돌아가고 몸이 가볍다. 하늘이 유난히 더 맑아 보이고 콧속으로 들어오는 공기도 상쾌하다. 이게 행복이지 뭐가 행복이겠어, 싶어진다.

가끔은 행복이란 그 정도로 별거 없고, 담백하고, 사소하다. 내가 언제 진짜 행복했지? 하고 나 자신에게 되물어보면 초등학교 5학년 때 처음으로 엑소 오빠들 콘서트를 갔던 순간이나 코펜하겐의 강가에 드러누워 음악을 듣던 순간, 처음으로 나 혼자 큰 파도를 잡아탔던 순간도 떠오르지만, 을지로에서 혼자 심야버스를 기다리며 선선한 여름 바람을 맞았던 순간과 종종 마주치던 길고양이가 먼저 다가와 그르렁대던 순간과 같이 작은 일상 속에서도 나는 분명 행복이라는 단어를 말할 수 있다.

그러나 잠을 푹 잔 하루보다 그렇지 않은 하루가 더 많듯이, 슬프게도 이러한 조그마한 행복마저 자주 만나기는 어렵다. 그냥저냥 흘러갈 뿐 불행까지 언급할 정도는 아니라고 해도, 한동안은 행복하지 않으면 지금의 삶에 무언가 엄청난 문제가 있는 것처럼 받아들였다. 남들에게 잘사는 척 보여주기 위해서라도 그럴듯한 행복의 증거가 필요했다. 그러다 보니 행복에 대한 이상한 강박이 생겼다. 지금 이대로도 충분하다고 되뇌며 온전히 주어진 그대로를 누릴 줄 알던 삶에 대한 순수한 애정은 사라지고, 다른 이들이 무조건 인정하고 떠받들어줄 번지르르한 인생이 목말랐다. 불확실함으로 인한 두려움을 가리기 위해서라도 자기 위로에 활용할 정신적 무기를 갈구했던 것이다.

그렇게 부단히 행복의 뒤꽁무니에 따라붙기를 지속하다

탁, 마치 계시라도 받은 듯 자연스럽게 허상의 술래잡기를 관두게 된 건 불과 얼마 전이다. 2024년 말부터 2025년 초로 이어지는 몇개월간 실로 오랜만에 내 인생의 바닥을 맛봤다. 아침부터 밤까지 독서실에서 한 발자국도 나가지 않으면서 수능을 준비하고, 유학 조건을 맞추기 위해 방송통신대 과정을 밟고, 기존의 프로젝트를 지속하며 중요한 행사를 마무리하고, 그 와중에 첫사랑이자 첫 남자친구에게 대차게 차이고, 건강에 큰 이상이 생겨 3차 병원을 밥 먹듯이 왔다 갔다 했다. 제정신이 아닌 상태로 생명줄을 겨우 연장해 가는 하루하루는 도리어 '여기서 더 나빠지지만 않으면 괜찮은 거 아냐?'라는, 이전에는 해본 적도 없던 역발상을 불러왔다. 내가 이제껏 '그냥 그래야 하므로' 행복해져야 한다고 맹신하며 살아왔다는 걸 드디어 깨닫게 됐다.

요즘은 과거의 나처럼 광적인 행복을 추구하는 걸 당연하게 받아들이는 이들이 일반적이다. 디지털 노마드 수행자인 김태연 님이 지금의 '행복'은 인간이 자신의 힘으로 발견해야 하는 궁극적인 미덕이 아니라, 오히려 절대적이고 전형적인 틀로 '복사-붙여넣기'한 기성품에 가까워 우리 자신을 불행의 늪으로 끌어당긴다고 경계하는 것도 그 때문이다. 그는 현대 사회가 '정해진 일렬종대에서 이탈하면 낙오자 타이틀을 면하지 못한다는 공포'를 조장한다고 지적하면서, 행복의 모양 역시 각자가 빚어내는 대신 조직, 사회, 국가의 차원에서 개인의 주체성을 꺾으며 전체주의적 형태를 위시하여 형성되기를 거듭한다고 말한다. 그래서인지 최근에는 극단적인 개인주의 세태가 반대급부에서 급속도로 성장하고 있으며, 이는 공동체 내부의 강력한 단절을 만들어낸 원인으로 꼽힌다. 블록체인이라는 신진 기술의 일시적 꼭짓점에서 명상과 영성이라는 정반대의 평화로 이동한 그는, 반드시라는 지나치고 확정적인 전제를 기본으로 삼으며 모두가 똑같은 행복을 따라가는 대신, 한 명 한 명의 무한한 세계 속에 서로만의 행복을 나누고 들여다보는 행위로부터 '각기 다른 행복'의 조화가 파생될 거라고 말한다.

한편, 웹툰 작가인 우경선 님은 좀 더 근본적인 삶의 의미에 집중한다. 사람에 대해 헤아리고 그들의 이야기를 자신의 개성으로 풀어내는 걸 업으로 삼는 사람이기 때문일까. 그에게 행복은 아무리 돌아가더라도 끝끝내 인생의 중심으로 두어야 하는 기본 중의 기본이다. 그는 행복의 형질이 제각기 다르더라도 결국 그것이야말로 모두가 포기할 수도 없고, 포기해서도 안 되는 생명의 뿌리라는 걸 긍정한다. 어떤 이들은 살아있는 것만으로도 의미가 있다고 말하겠지만, 세상에 발을 디딘 이상 생존이란 본능적 행위를 초월하고 '소명'을 다해야 하는 법이다. 인간의 생에는 다른 생명체의 생보다 더 많은 책임이 따른다는 건 명확하다. 그렇다고 해서 주어진 것을 일말의 고민 없이 받아들이고 자신만의 목적을 찾아가려는 발버둥을 동반하지 않는 삶에서 '온전함'을 발견할 수 있다고 확언하지는 못할 것 같다. 그에게 행복은 그러한 '온전함'을 회복하게 돕는 인생의 마지막 퍼즐 조각과 비슷하다.

태연 님과 경선 님의 의견은 개별적 차원에서 전부 옳다.

남들과 똑같은 행복에 집착하다가 불행해지기도 하고, 행복해지고 싶다는 각오가 부재해 삶의 방향이 사라지기도 한다. 기면증을 앓던 내가 단 한 순간이라도 제대로 깨어있길 원했던 반면 불면증을 앓으면서는 차라리 정신 놓고 잠이나 잤던 예전이 그리웠다. 삶의 '적재적소'는 영원히 동일하지 않다. 달라지고, 부서지고, 다시 세워지는 게 인생이고 그때마다 행복의 얼굴도 변화하는 게 당연하다. 그 변화의 성정을 이해하지 못한다면 결코 행복이 무엇인지 알 수 없다. 그 사실을 모르던 과거의 나에게 웬만하면 행복하면 좋겠지만, 반드시 행복해야 하는 건 아니라고 속삭이며 나를 힘껏 안아주고픈 것도 그 때문이다.

이해와 공감의 차이는 무엇일까?

류한경 대한민국, 사진가, 번역가

상대방과 내가 어떤 층위에서 교류하는지를 짚어 볼 때, 이해와 공감, 거기에 더해 수용까지 세 가지를 떠올리곤 합니다. 깊은 관련이 있는 듯 보이다가도 사실은 다른 것들이에요. 공감과 수용 전에 이해의 선행이 필요한 사람이 있는가 하면, 공감과 수용을 기반으로 이해라는 차원에 도달하는 이도 있을 거예요. 개인적으로 이해는 머리에서, 공감은 가슴에서 이뤄진다고 생각해요. 인지를 통해 이해가 시작되는 반면, 공감의 출발은 마음 언저리에서 피어나는 감정이겠지요.

say

지 대한민국, 특수 교사
도
경

    인간은 사회적인 동물이기 때문에, 이해와 공감 없이는 살아가지 못해요. 문제 해결 과정에서 정보를 습득하고 효과적인 결과를 도출하기 위해 활용되는 게 이해라면, 감정적 유대를 형성하는 데 더 많은 초점을 맞추는 게 공감이 아닐까요? 공감과 이해 중 어떤 게 더 필수적이거나 중요한지는 절대 구분 지을 수 없어요. 지금의 많은 갈등은 이해와 공감의 부족으로 벌어져요. 상대방과 상황에 따라 그 비율을 적절히 조절하고, 두 가지 모두를 조화롭게 사용하는 일이 사회와 공동체에서 더 보편화되었으면 좋겠어요. 그럼 분명히 많은 갈등이 사라질 거예요.

 후덥지근한 날씨에 기분이 축축해지는 7월 초 전후가 되면 꼭 대만 영화감독인 차이밍량의 데뷔작인 〈청소년 나타〉라는 영화를 본다. 대만의 타이베이를 배경으로 방황하는 청소년들과 그들의 삶을 차이밍량 특유의 오묘하고 음울한 감성으로 담아낸 이 작품은, 한창 대만 뉴웨이브 사조에 빠져 우연히 감상한 뒤부터 나에게는 장마철의 표상이자 빗줄기 거센 한여름 밤의 필수품이 되었다. 어두운 방 안에 홀로 누워 이 영화를 보고 있으면, 내가 태어나기도 전인 세기말의 향기에 취해 정신이 어지러워진다.

 대사가 거의 나오지 않는 게 특징인 차이밍량의 작품이

지만, 초기작에 속하는 덕분에 영화 속 캐릭터들의 목소리를 듣는 게 비교적 쉬운 편이다. 그래도 대부분의 다른 영화들처럼 대사가 서사의 이음새로 작용하거나 특정한 상황 또는 사건이 큰 줄거리를 만드는 건 아니고, 각각의 장면들이 마치 파편처럼 등장하고 인물의 일상을 따라가는 방식으로 내용이 전개된다. 작품의 기본적 틀이 이렇다 보니, 영화의 흐름이나 인물의 행동을 이해하는 데는 한계가 있다. 이 과정에서 관객은 영화를 감상하는 관찰자가 아니라, 작품 속의 습하고 물기 어린 타이베이 공기의 일부가 된다.

벌써 열몇 번을 봤는데도 〈청소년 나타〉는 여전히 어려운 영화다. 말 그대로 질풍노도의 청소년 시기의 한가운데에 서 있는 샤오캉, 아초, 아핑, 그리고 아퀘이는, 고루하게 표현하자면 비행 청소년에 가깝다. 서로를 흔들고 세상에 의해 흔들리며 벼랑 끝으로 달려가는 그들의 모습을 지켜보는 동안 러닝타임은 계속 흐르고, 네 사람은 알다가도 모를 선택을 반복하며 어떤 방향으로든 고립된다.

아초, 아핑, 아퀘이는 세상의 시선에서 보자면 제정신으로 불리기는 힘들다. 그러나 그들에게는 그들 나름의 세계가 있다. 타인의 이해를 원치도 않고, 그걸 필요로 하지도 않는 세계다. 때로는 수챗구멍에서 하수구 물이 역류하는 지저분하고 불안정한 그들의 경계는 '세상'보다는 '구역'에 가까울 만큼 작지만, 그 안에서만큼은 그들은 구역의 수호자이며 서로의 지지대다. 샤오캉은 겉으로 보기에는 정상인이다. 하지만 내면은 장대비가 내리는 타이베이의 음습한 뒷골목을 닮았다. 아초와 친구들이 직접 나서서 본인들의 공고한 성벽을 쌓았다면, 샤오캉은 세상 안에 있지만 자기 자신과는 단절된 상태다.

정반대의 삶을 살던 샤오캉과 아초가 불현듯 맞닿은 후, 영화는 빠른 템포로 전개된다. 그들의 행동이나 그들이 내리는 결정은 '왜?', '굳이?'라는 의문을 일으키는데, 기어코 그들을 이해하려고 해도 쉽지는 않다. 막장과 같은 하루하루를 변화시키려는 노력도 기대도 없이 연명하는 아초나, 그게 설령 자신의 삶이어도 그것을 망가뜨리고 싶어서 주체하지 못하는 샤오캉은 분명 관객으로서는 선뜻 받아들이기 어려운 인물들이다. 그런데 머리로는 전혀 용납하지 못하는 그들의 모습에 가슴은 이상하리만치 반응한다. 샤오캉과 아초처럼 극단적이지는 않았을지언정, 쓰레기가 가득한 도시의 하수구처럼 혼란과 곤욕이 넘실대는 시기는 인간이라면 반드시 지나게 된다. "그럴 수 있지."라는 말을 선뜻 뱉기는 어려워도 왜인지 심연에서는 그 심정을 알 것만 같을 때. 이해와 공감 사이의 미세한 선이 포착되는 순간이다.

사진작가이자 번역가인 류한경 님에게 이해와 공감은 하나 이상의 감각을 통하여 이뤄진다. 어떤 날에는 카메라가 그의 시야와 렌즈 안의 세상을 잇는 다리가 되기도 하고, 또 어떤 날에는 두 가지 언어 사이에 그가 직접 길을 내기도 한다. 그가 연결하는 건 사람과 사람 사이일 수도 있고, 감정과 감정 틈새일 수도 있다. 여러 방식으로 다양한 존재를 이해하고 공감하는 일을 하는 그의 표현에 의하면 '지성'을 사용하는 게 '이해'이고 '감성'을 사용하는 게 '공감'

이다. 둘을 완전히 분리할 수는 없지만, 그는 이해가 조건적인 거라면 공감은 무조건적인 거라고 구분 짓는다. 사실을 받아들여야만 성립하는 것과 온전히 느끼는 게 시작이자 끝인 것, 둘 중 무엇도 소통에서는 배제할 수 없는 요소임은 확실하다.

한편, 이해와 공감에 더 단계적으로 접근하는 지도경 님이 두 단어를 마냥 가벼이 여기지 않는 건 특수교사라는 그의 직업과도 연관이 있을 것이다. 그는 학기 초에 행해지는 첫 학부모 상담 시 전적으로 학부모의 의견에 공감하려고 최선을 다한다는 말과 함께, 장애 진단을 받은 학생의 부모가 거치는 감정이 마냥 단조롭지는 않기에 냉정한 분석과 중재를 우선순위에 두는 건 부정적인 결과를 초래할 가능성이 크다고 얘기한다. 그 후 교육계획을 수립할 때는 학생에 대한 이해가 가장 중요하다. 학생 개인적인 부분부터 주변 여러 요소에 이르기까지, 정확한 이해를 위해 노력하는 과정이 있어야 학생과 교사 모두에게 최선의 환경을 조성할 수 있다.

한경 님과 도경 님의 이야기를 들으니 이해와 공감은 별 개임이 꽤 명백해진다. 첫째, 이해는 이성과 합리성을, 공감은 감정적인 측면을 더 깊게 파고든다. 이해의 기관이 머리라면, 공감의 기관은 가슴이라는 한경 님의 설명이다. 둘째, 두 가지는 구분되나 분리할 수는 없다. 둘 중 무엇 하나라도 놓치는 순간, 받아들이려는 대상은 제삼자에 그치고 만다. 셋째, 필요에 따라 이해와 공감을 알맞게 조절하고 적용하는 게 중요하다. 제대로 된 방식을 제대로 된 시점에 활용해야 하며, 그 적절함의 정도에 따라 향후 나타나는 결과 또한 뒤바뀔 수 있다.

카메라 속에 촬영 대상을 담을 때도, 외국어와 모국어를 넘나들며 글을 옮길 때도, 각기 다른 개성을 지닌 장애인을 가르칠 때도, 이해와 공감은 결코 부수적 사안이 아니다. 나와 나 이외의 무언가가 진정으로 마주 닿는 지점을 창조해 내는 게 이해와 공감이다. 최근에는 그런 삶의 접촉이 감정의 낭비이며 비효율적이라고 여기는 이들을 쉽게 찾아볼 수 있다. 어차피 타인을 완벽히 이해하거나 공감할 수 없다는 게 그들이 말하는 '본질적' 이유다.

틀린 말은 아니다. 우리는 모두 서로에게 샤오캉이자 아초다. 같은 타이베이 땅에서도 그들의 우주는 평행세계처럼 완전하게 나뉜다. 우연인지 필연인지 모를 계기로 부딪치는 두 사람이 그럼에도 한편으로는 영원히 타인인 채로 남는 건 진실한 연결에 없어서는 안 될 이해와 공감이 끝끝내 발생하지 않기 때문이다. 우리네 삶을 빠르게 스쳐가는 운석과도 같은 존재들이 얼마나 많을까.

그렇다고 내 곁의 모든 존재와 연결되어야만 하는 것도 아니다. 지나치게 이해하거나 공감하는 일은 도리어 자신의 삶을 피폐하게 만들기도 한다. 적당한 거리감과 적당한 연결의 조율은 각자에게 달렸다. 단 하나 확실한 건, 한경 님과 도경 님처럼 온 마음을 다해 이해하고 공감하려는 이들이 세상에 더 많아진다면, 비루하고 고달픈 현실을 내팽개치고파 바이크의 속도를 올리던 아초들과, 내면의 억눌림을 풀어내지 못해 정처 없이 밤거리를 방랑하던 샤오캉들은 조금씩 줄어들 것이다.

돈을 많이 버는 게 중요할까?

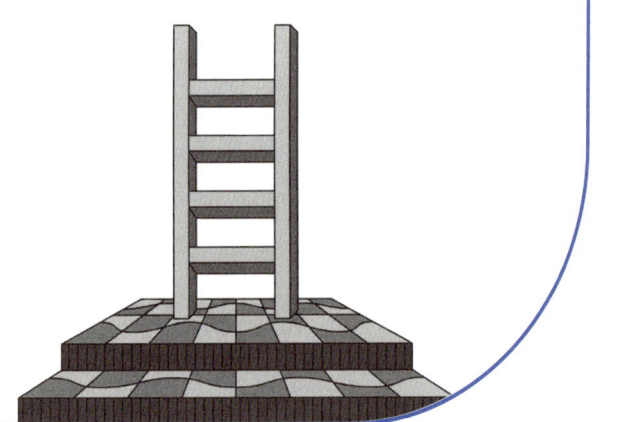

say

신다혜 대한민국, 문화 기획 스타트업 '필더필' CEO

　돈을 많이 버는 건 중요하지 않아요. 돈은 목적이 아니라 도구거든요. 물론 돈을 많이 벌수록 내게 주어진 힘의 크기 역시 커지기 마련이죠. 실행력 측면에서 특히 그렇고요. 그렇지만 그보다 더 필수적으로 고려되어야 하는 건, "돈을 '어떻게' 쓰느냐"인 것 같아요. 돈을 많이 벌었다는 사실 자체가 중요하게 다뤄지고 그로 인해 모든 게 정당화되는 세상이 와버렸어요. 부富가 미덕으로 자리한 거죠. 하지만 돈은 가치를 형성하는 데 활용되는 수단일 뿐이에요. 사용하는 방식과 용처가 무엇보다 중요합니다. 결국 돈이 만들어내는 사회적 가치가 더 우선으로 고려되어야 하고요. 사회가 변하더라도, 돈을 쓸 때 따라오는 책임의 무게와 그에 대한 합의는 절대 옅어져서는 안 돼요. '돈을 잘 쓰는 것'에 관한 기준을 공동체가 함께 정해가야 하는 시기라고 생각해요.

레일라니 Leilani, 호주, 고고학 전공

돈을 많이 버는 건 안정적인 삶을 위해서 필수적이죠. 그렇지만 그게 행복을 보장해 주지는 않아요. 물질적인 풍요로움만 보장된다면 행복도 자연스럽게 따라올까요? 그건 모르는 일이죠. 돈을 삶의 중요한 부분으로 고려할 필요는 분명히 있을 거예요. 그 지점에 대해 부정할 수는 없어요. 그럼에도 돈을 삶의 전부로 생각하는 건 분명 위험한 발상이에요.

　자본주의 사회가 본격적으로 시작되기 훨씬 전부터, 인간은 이미 무언가에 가치를 매겨 그에 맞는 상품을 교환하거나 이윤을 창출하는 행위를 해왔다. 인류학에 대한 전문적 지식이 있는 것은 아니지만, 학교 역사 시간에 들었던 수업 내용을 떠올려보면 화폐가 없었던 시기에도 갓 잡은 싱싱한 생선을 사냥한 고기와 맞바꾸고, 조개 등으로 만든 장신구를 동물의 가죽과 교환하는 행위를 했다는 내용이 등장했던 것 같다.

　화폐가 경제적 가치의 기준이 되고, 교통의 발전과 무역의 활성화가 이뤄지고, 산업화에 가속도가 붙는 단계적 변화 속에서 빈부 격차는 점점 명확해져 왔다. 이제는 비트코인으로 대표되는 가상화폐와 주식 투자가 노동 급여를 통해서는 손에 쥘 수 없는 엄청난 금전적 이익을 생산한다. 바야흐로 돈이 돈을 버는 시대가 열린 것이다.

원조받는 국가에서 원조하는 국가가 된 대한민국은 어느덧 세계 경제에서 주요한 역할을 하는 경제 대국으로 자리 잡았다. 한국은행에 따르면 GDP국가총생산는 세계 10위 안팎, GNI국민총소득는 세계 5위권 언저리에 위치할 정도니 실로 눈부신 성장이다. 돈과의 심리적 거리가 줄어든 만큼 돈을 소비하는 형태도 더 급진적으로 변해간다. 아빠가 학교에 다닐 때까지만 해도 논밭이었다던 우리 동네는 이제 저층 빌라는 찾아보기도 힘든 아파트촌이 되었다. 불과 몇 년 전까지는 흔하지 않던 수입차가 도로를 쌩하니 달리고, 대중교통을 타면 한 사람 정도는 꼭 명품 가방을 들고 있다. 젊은 세대 사이에서 파인다이닝과 오마카세, 골프 열풍이 불었다가 시들해진 지도 불과 얼마 전이다. 세계에서 해외여행을 가장 많이 가는 민족 중 하나가 한국인이라는 루머(?)도 돌 만큼 여행 역시 보편화됐다. 내 주변 친구들만 봐도, 특정 국가나 도시가 인기 여행지로 부상하면 꼭 누구 한 명은 그곳에 가 있다. 코로나 전후로 러시아, 체코, 베트남, 일본이 한창 각광 받더니, 최근에는 몽골, 포르투갈과 중국으로 트렌드가 넘어간 추세다.

'돈'에 대한 감각의 강화는 국가를 넘어 세대와 더 밀접한 연관성을 갖는다. 특히 SNS는 나와 타인이 각자의 소비를 전시하는 불특정 다수 대상의 갤러리가 되었다. 지구 반대편에 사는 셀럽들이 자주 가는 고급 스무디 가게가 해당 여행지 필수 코스가 된 후, 대한민국 청년 A 씨가 그 가게에서 수십 불짜리 럭셔리 스무디를 사서 먹고 그것을 SNS에 올리는 모습을 떠올려보자. A 씨가 아보카도 망고 스무디를 먹었는지 딸기 바나나 요거트 스무디를 먹었는지는 그다지 중요하지 않다. A 씨의 소비 대상은 스무디 자체보다는 그 스무디에 얽힌 경험에 가깝다. 해당 경험을 소비하는 데에 사용한 금액이 많으면 많을수록 외부에서 바라보는 A 씨의 가치 역시 상승한다. 아니, 실제로 그럴지는 아무도 모르는 일이지만, 최소한 당사자는 자기 자신의 소비를 가치 입증 수단으로 여기게 만드는 게 지금 우리 사회가 만들어 놓은 현실이다. 그러다 보니 어느 순간부터는 경험 또한 소비의 원인에서부터 벗어난다. 행위에 대한 공유를 가장한 과시가 행위의 이유를 대체하거나 그에 선행되는 목적 전치 현상이 벌어지는 것이다.

신다혜 님은 중고교를 거쳐 학부까지도 무용을 전공하다 우연한 계기로 창업 시장에 뛰어든 뒤, 비교적 단기간에 본인이 설립한 문화 기획 스타트업을 빠르게 성장시킨 사업가이다. 자본주의 세계가 요구하는 전형적 모범 사례처럼 보이지만, 그는 도리어 돈을 많이 버는 일이 결과물이 될 수는 없으며 그래서도 안 된다고 말한다. 그에게 돈은 '책임'의 다른 말이다. 많은 돈은 그만큼 많은 책임을 동반하고, 그러므로 사회적 관심의 대상이 되어야 하는 건 부의 축적 규모나 여부가 아닌 축적된 부의 용처와 소비 형태라는 게 그의 의견이다. 영리 기업을 운영하면서도 옳은 방식으로 이윤을 창출하고, 그 이윤을 제대로 사용하고, 그렇게 사용한 돈이 사회에 좋은 영향을 주는지에 대해 고민하는 것도 바로 그 때문이다.

  돈을 많이 벌어도 더 올바르고 더 긍정적으로 사용하는 법을 배우지 못한 사회에서 살아온 이들은 돈을 벌고 쓰는 그 행동에만 초점을 맞출 수밖에 없다. 매주 다양한 인물들을 인터뷰하고 그들의 이야기를 담는 한 방송 프로그램에서는 투자의 천재, 주식의 신 같은 수식어가 붙은 이들을 심심찮게 다룬다. 인터뷰 대상자들이 본인이 투자한 금액과 그를 통해 낸 순이익을 거론하면, 자막은 그들을 경제 전문가로 칭송하고, 진행자는 비법을 물으며 자연스럽게 방송은 그들의 부를 추앙하는 방향으로 흐른다. 그들의 관점으로 부의 가치를 정의하자면, 부는 결국 그것만으로도 영예이고 어찌 되었든 많으면 많을수록 좋다. 그러나 그저 더 많은 금전을 취득하고, 그 금전을 통한 물질의 소비로 또 다른 물질을 취득하는 게 최종적 목표라면, 그 목표를 이룬 다음에는 무엇이 우리를 기다릴까? 한강 뷰 아파트, 몇억 대 스포츠카, 한정판 명품 가방을 위한, 자본주의적 가치관에 기반한 돈벌이를 악마화하는 건 구시대적이다. 나도 가능하면 더 큰 집에서 더 좋은 옷을 입고 더 멋진 차를 타는 인생을 살고 싶다. 하지만 물질이 물질로 이어지는 소득과 소비가 사회에 의해 조장되면서 대중, 즉 우리는 모두 어느 정도 허구의 가치 판단의 늪에 빠진 상태임을 인정해야 한다.

레일라니가 공부하는 고고학은 경제적 이익과는 거리가 먼 학문임에도, 그는 돈의 중요성을 알고, 돈이 현실 세계에서 차지하는 비중을 인지하고 있다. 다만 그의 의견에서 핵심적 줄기를 차지하는 건 돈과 행복이 반드시 동의어는 아니라는 내용이다. 이 역시 세상 모든 이들에게 해당하는 사안은 아닐 것이다. 통장 잔액의 0의 개수가 곧 행복의 수치와 비례한다는 누군가의 농담은 충분히 수긍이 간다. 그러나 실리콘 밸리를 배경으로 한 미국 시트콤 〈스타트업〉에 등장하는 거대 테크 기업의 CEO가 다른 그 누구도 아닌 국적 불명의 '구루'와의 대화를 통해 마음의 안정을 찾는 의미심장한 장면이나, 한국 최대 게임 회사의 대표가 어느 날 갑자기 스스로 목숨을 끊었던 사건 등을 고려하면 그마저도 일정 수준을 넘어간 순간부터는 더는 소용없는 말일지도 모르겠다. 그게 바로 '돈이 무조건 행복을 가져다주는 건 아니'라는 레일라니의 대답을 부정 없이 받아들이게 되는 이유다.

  젊은 세대가 일주일에 한 번씩 로또를 사고, 언제나 불황인 출판 시장에서 투자 관련 서적은 불티나게 팔려나가는 게 과연 청년들의 욕심에서 비롯된 것일까? 그보다는 노동의 가치가 저하되고, 돈 버는 행위가 주는 보람이 점점 소멸하는 시대적 불행이 그들로 하여금 노력이 동반되지 않아도 영위할 수 있는 안정적 삶을 갈구하게 만든 게 아닐까? 아무리 돈을 벌어도 일상은 여전히 팍팍하고, 미래는 불확실하다. '가난은 쪽팔리기 때문에' 강박적으로 부를 숭배하고 과시할 수 있는 것들만을 선택한다. 나의 가치가 돈으로 입증되고, 돈이 곧 나의 아이덴티티가 되는 세상. 목적도 소망도 결여된 기계적 '돈벌이'를 우상화하는 지금의 우리 사회가 어쩐지 무섭게 느껴진다.

어떻게 해야
진정한 나로 살 수 있을까?

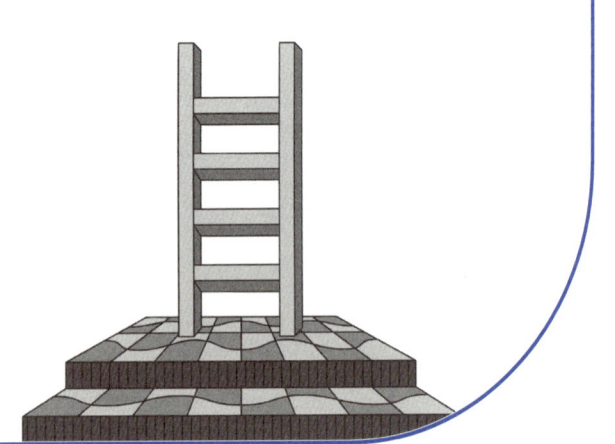

루이스
루 Luis, 온두라스, 컴퓨터공학 전공, 작가

자신을 이해하는 일은 하루아침이 아닌 삶을 살아가는 과정에서 천천히 이루어져요. 새로운 경험 하나하나가 우리에게 무언가를 가르쳐주잖아요. 관계의 시작과 끝, 직업의 변화와 성취 등 여러 상황 속에서 우리는 자기 자신에 대해 더 깊이 알게 되고, 실패, 성공, 도전 속에서 점점 더 '나'라는 사람이 어떤 존재인지 깨달을 수 있어요. 사회가 말하는 '당연함'을 그대로 받아들이기보다는, 정말 소중한 게 무엇인지 지속적으로 질문하면서 나와 맞지 않는 가치와 기준에게 이별을 고하는 게 필요해요. 나의 삶에 동반되는 선택과 결정이 그저 습관에 의지하거나 외부의 기대에 의한 건 아닌지 잠시 멈춰서 살펴보는 것도 중요하고요. 현대 사회에서는 나도 모르는 새에 명예나 사회적 위치에 집착하고, 가족의 바람을 충족하는 데 초점을 맞추고, SNS 속 타인과 비교하여 나 자신을 평가하는 일들이 수시로 일어나니까요. 그렇기에 "이 선택이 나의 핵심

가치와 진실하게 맞닿아 있는가?"를 질문하는 일을 그만둬서는 안 돼요. 진정한 삶이란 나의 고유한 리듬과 마음에 귀 기울이며 스스로 길을 만들어가는 것이고, 그러한 끊임없는 발견의 여정이 진정한 나를 탄생시키는 게 아닐까요?

 시드니 루멧 감독의 1988년도 작인 〈허공에의 질주〉는 가히 내 인생 최고의 영화다. 젊은 나이에 요절한 명배우 리버 피닉스의 우수에 찬 눈동자와 섬세한 연기를 처음 마주한 시간부터 이 작품에 온 마음을 주었다. 소년과 청년 사이 그 어디쯤 서 있는 주인공 대니가 꿈과 사랑, 가족과 현실이라는 여러 갈래길 앞에서 마구 흔들리면서도 자신의 삶을 찾는 이야기는 클리셰 같으면서도 가슴을 울린다.

 영화 전체가 한 편의 시처럼 아름답지만 가장 좋아하는 부분을 꼽자면 세 장면이 떠오른다. 우선 대니와 여자친구 로나, 대니의 가족들이 제임스 테일러의 〈Fire and Rain〉에 맞추어 다함께 춤을 추는 장면. 그다음으로는 대니가 피자 배달부인 척 본인의 할머니를 찾아가는 장면. 그리고 가장 와닿는 건 역시 영화의 엔딩이다.

  작 중에서 대니와 가족들은 일련의 사건으로 인해 주기적으로 이사하며 자신들의 실제 정체를 숨기고 살아간다. 언제나 떠돌이처럼 생활하는 데 익숙한 대니는 쉽사리 정을 붙이지 않는 사람으로 자랐다. 그런 대니의 인생은 자꾸만 전과 다른 방향으로 흐른다. 한 마을에서 존경할 만한 스승을 만나고, 첫사랑으로 인한 가슴앓이를 하고, 무엇보다 자신의 심장을 요동치게 만드는 열정의 감각을 경험하면서다. 이전과 달리 떠나는 게 괴롭다. 남아서 새로운 세상을 알아가고 싶지만 그건 본인의 욕망일 뿐이다. 본인이 원하는 선택을 하는 건 가족과의 이별, 즉 자신이 지금껏 알고 있던 전부로부터 등을 돌리는 일이다.

  결국 대니는 고민 끝에 원하는 모든 걸 포기한 채 어디에서든 자신의 동반자가 되어주던 자전거 페달을 힘껏 굴러 다시 가족의 곁으로 돌아간다. 또 다른 터전을 찾아 떠나려는 가족의 트럭을 겨우 따라잡아 자전거를 싣고 차에 올라타려는 대니, 아버지가 자전거를 다시 내리게 한다. 어리둥절한 표정으로 아버지를 쳐다보는 대니에게 돌아오는 건 아버지의 담담하고 선명한 한마디다.

"자전거에 타라. 넌 이제 독립한다.Get on the bike. You are on your own, kid." 그 말을 남기고 가족들이 탄 트럭은 대니를 뒤로 하고 다시 떠난다. 홀로 남겨진 대니가 이제는 자신만의 여정을 떠나야 할 시점이 온 것이다.

이렇듯 자기 자신으로 산다는 건 혼자가 되는 일이다. 오롯이 본인과 동행할 수 있는 자에게만 진정한 스스로를 찾는 여행의 문을 열어젖힐 기회가 온다. 게다가 연다고 해서 전부가 아니다. 그 이후에 무엇이 펼쳐지던 헤쳐 나가는 건 본인이 해결할 '미션'이다. 게임처럼 리셋도 없는 데다, 다시 되돌려서 처음부터 새 판을 짜는 건 불가능하다. 그야말로 미친 짓이다. 감수하고, 감당하고, 감내해야 한다. 그래서 사람들은 자기 자신으로 살기를 거부한다. 내가 나를 정의하고 명명하다 나라는 칼날에 베여 상처 입고 너덜거

릴 바에는 이미 정해진 궤도 안에서 적당한 방식으로 공전하는 게 훨씬 쉽다. 인간은 나약하다. '나 자신'이라는 존재를 눈알이 빠지게 들여다보는 사람들은 세상에 자주 등장하지 않는다. 등장하더라도 세상은 마법소녀처럼 '짠' 하고 나타나서 요술봉을 휘두르는 사람들을 기대하므로 많은 '나 자신'들이 존재의 재판장에서 기각당하기 일쑤다. 'Fair enough'한 결과다. 모든 '진정한 스스로'가 니체의 위버멘쉬 Übermensch 마냥 초월적이고 궁극적일 수는 없지만, 사회가 바라는 건 그런 장엄함이 아니겠는가.

그러므로 "그렇다면 어떻게 해야 진정한 나로 살 수 있을까?"라는, 최소 반만년 간 인류의 고통스러운 기쁨의 원천이 되었던 질문에 대한 답을 내리는 건 99.9퍼센트의 확률로 미션 임파서블이다. 애초에 인간이 실현 가능한 범위의 '진정한 나 자신'이 무엇인지는 소크라테스와 공자의 영혼을 섞은 AI를 생성해 학습 내용을 출력시켜도 이렇다 할 결과물을 내놓지 못할 것이다. 그래도 질문하지 않을 수는 없어서, 내가 아는 사람 중에서도 특히 인상적인 삶의 언어를 구사하는 청년인 루이스에게 물음표를 던졌다.

  그는 '나 자신'을 찾는 건 '나의 가치'를 하나씩 선별하고 정리해 나가는 일과 많은 면에서 겹친다고 여긴다. 지금의 사회는 마치 어릴 적 하던 아바타 옷 입히기 게임처럼 우리에게 역할 아이템을 제공한다. 나라는 마네킹에 청바지를 입힐지, 원피스를 입힐지는 고를 수 있지만 '정상'이라는 틀로 찍어낸 패스트 패션 fast fashion 같은 환상을 갑자기 리폼하는 건 안 된다. 그러나 스스로를 찾는 건 마네킹 거죽을 뜯어 던지고, 입혀진 옷을 갖다 버리고, 발가벗겨진 상태로 탈의실을 뛰어나가 나의 삶 위에 씌울 옷 조각을 하나하나 내 손으로 직접 수집해 나가는 일이다. 정확하고 편리한 메트로놈을 멀리 떨쳐버린 뒤 내 심장 박동과 같은 속도로 뛰는 BPM을 나의 기준점으로 삼을 자신이 있어야 한다. 특별할 필요는 없으나 고유함을 간직할 각오가 된 사람으로 거듭나는 게 바로 진정한 내가 되는 여정의 핵심 근육과 같다.

  내 안의 나는 언제나 나에게 말을 걸고 있다. 지도를 거꾸로 들거나 나침반을 반대로 보면서도 나를 빗어나가다 보면 수평선을 넘어가는 항해가 이어진다. 선택이 나를 만들기도 하지만 그 선택지들을 펼쳐놓는 것도 나다. 그 모든 것들은 사실 태곳적부터 우리의 마음속에 숨쉰다.

즉 진정한 내가 이미 내 안에 존재한다. 2025년에는 대부분의 이들이 콜럼버스가 신대륙을 발견했다는 말이 상식적이지 않다는 걸 받아들인다. 아메리카 대륙에는 한참 전부터 수많은 생이 있었다. 나 자신은 이미 나 자신이기에 진정한 나 자신이라는 업그레이드 버전은 상당히 불확실하고 어렵게 느껴진다. 그렇지만 우리는 모두 진짜 나와 같이 살아간다. 다만 그 존재가 덮어두면 너무나도 희미하고, 꺼내놓으면 지독히도 강렬해서 얕게 묻어놓는 게 아닐까. 스스로를 받아들이고 소화하다 턱, 목에 걸리면 급하게 빵이나 먹다가 체하는 것보다 백배는 답답하고 괴로울 테니 말이다.

그런데 영원히 나를 어중간한 땅바닥에 매장하고 살아갈 수도 없는 노릇이다. 대니의 아버지가 어느덧 꿈과 이상과 사랑의 의미를 깨달아 고뇌하는 아들을 공터에 놔두고 차를 돌린 것도 그 사실을 알기 때문이다. 나 자신과 조우한 사람은 이전과 같은 삶을 살지 못한다. 그리고 그 조우는 일생에 한 번 벌어질까 말까 한 '혁명적 사건'이다.

아버지가 운전하는 트럭 대신 직접 자전거의 운전대를 잡고 길을 나서면서, 대니는 그 누구도 아닌 대니로 피어날 것이다. 어렵고 두렵지만 어쩔 수 있나. 그게 그토록 기다려왔던 진짜 삶이다. 그 순간 언제나처럼 자전거 페달을 밟는 대니의 행위가 스스로를 발굴하고 구원하는 제례로 탈바꿈한다. 눈물을 글썽이면서도 앞으로 나아가는 대니, 리버 피닉스의 눈에 내가, 루이스가, 나의 친구들이, 세상의 모든 삶과 우주의 모든 여정이 덧대어진다.

세계의 청년은 지금

question
No. 5
; 건강한 공동체에는
무엇이 필요할까?

원활한 소통, 인내심, 그리고 양보할 줄 아는 태도요. 특히 결정을 내릴 때는 신중한 과정을 거쳐야 하고, 가능한 한 모두가 동등하게 대우받도록 노력하면서도, 그와 동시에 각자의 몫을 책임지고 기여할 수 있도록 최선을 다하는 게 중요해요.	AJ 미국, 환경운동가, 도시 농부
신뢰와 협력, 그리고 사회 안에 존재하는 차이를 인정하는 태도가 꼭 동반되어야 해요. 다름을 이해하려 노력하고, 중간 지점을 찾아내며, 모두에게 기회를 제공하고, 의사결정 과정에서 참여를 독려하는 게 필수적이겠죠.	Anas 차드, 이커머스 전문가
마음의 여유가 아닐까요? 금전적 의미가 아니라, 자신을 아끼고, 다른 사람을 배려하며, 감정을 느끼고, 존중을 표현하는 삶의 태도를 지칭하는 거예요. 요즘 시	Ayako 일본, 지속가능성 상점 운영

대에는 그저 인간답게 살아가는 것 자체가 너무 벅찬 일이라서, 많은 사람들이 타인을 위한 마음의 여유를 잃어가는 것 같아요.

글쎄요, 전 기계에 의존하고 수많은 쓸모없는 정보에 둘러싸여 살아가더라도, 우리 자신이 단순히 어떤 역할만 수행하는 존재가 아니라는 사실을 기억해야 한다고 봐요. 인간의 본질은 내면을 들여다보고 삶의 목적을 되새기면서 제대로 발현돼요. 과거의 공동체들이 그랬던 것처럼요. 지금은 그때 그랬듯이 잠시 멈추고 본질로 돌아가야 할 때예요. 그래야 다시 앞으로 나아갈 수 있죠. 우리가 진정으로 원하는 게 무엇인지 성찰하고, 다른 이를 향한 진심 어린 공감을 회복할 때 공동체가 건강하게 되살아난다고 믿어요. 그러한 공감은 평화를 지키고 우리 안에 잠든 가장 인간적인 본성을 깨우는 강력하고 고통스러운 힘이 되기도 하고요.

Elvia
브라질, 예술가
국제 애널리스트

우선은 '공동체'의 회복이 필요해요. 제가 사는 곳에서는 자본주의가 공동체의 모든 중요한 사회적 기능을 강탈했어요. 이제는 그러한 기본적 체계와 권리를 누리려면 돈을 내야 해요. 빼앗긴 필수적 서비스들을 되찾고, 구성원들에게 그걸 제공하는 게 공동체의 가치를 다시 되살릴 방법이에요.

Isaac
미국, 심리학 전공

서로에 대한 존중과 공통된 핵심 가치, 그리고 함께 뭉칠 수 있는 연대감이요. 지금처럼 돈이 증오를 퍼뜨리는 수단이 되어버린 세상에서는, 따뜻함과 사랑을 전할 줄 아는 사람들이 꼭 필요해요. 서로 연결되어 있다는 믿음이 결국 우리 모두에게 다양한 방식으로 도움이 된다는 확신이 더 널리 퍼져야 하고요. 만약 세상이 완벽하다면 국경이나 국가라는 개념도 없었을 것 같아요. 국가는 오히려 사람들을 분리하고 불평등을 만들어내는 구조니까요.

Jens
독일, 지리학 전공

포용성이 제일 중요해요. 건강한 공동체는 사회적 지위와 차이, 개인적 사정 등등 어떤 이유로든 사람들을 배제하지 않고 모두를 환영하고 지지하는 공간이어야 해요. 배제되고 차별받는 구성원이 존재하는 사회는 상실감과 갈등을 겪게 되거든요. 또 사람들이 충만한 삶을 살기 위해 필요한 것을 제공하는 게 튼튼한 공동체예요. 그건 양질의 교육일 수도, 잘 갖춰진 사회 기반시설일 수도, 누구나 접근 가능한 의료 시스템일 수도 있죠. 공동체는 사람들을 돌볼 때 더 건강해지지, 외면하면서 성장하진 않아요.

Laerke
덴마크,
한국학·IT 전공

깊은 신뢰와 공동의 목적 및 가치가 공유되는 공동체야말로 건강한 공동체예요. 정의가 살아 숨쉬고, 모든 사람의 목소리가 들리는 환경이 기반이 되어야 하고요.

Luis
온두라스,
컴퓨터공학 전공,
작가

사람들이 서로의 의견에 동의와 반대를 표할 만큼 서로에게 관심을 가지고 토론에 참여하며 품격 있는 대화를 이어갈 때, 진정한 소속감이 생겨나는 것 같아요.

일정 수준 이상의 자유요. 사람들이 자기 자신을 충분히 표현할 수 없다면, 공동체의 감각을 느끼기 어려울 거예요.

Marcus
덴마크, 소방관

건강한 공동체인지에 대한 여부는 사람들의 삶의 질을 통해 판단할 수 있어요. 꼭 필요한 3가지 핵심 요소는 교육, 건강, 그리고 정의일 테고요. 국가의 입장에서도 가장 민감한 분야인 동시에 사람들의 생계와 직결되는 이 영역들에 대한 접근이 제대로 보장될 때, 누구나 존엄하고 건강한 삶을 살 수 있는 기반이 마련된다고 믿어요.

Salome
프랑스
국제 관계학·
아시아학 전공

억압에서 자유로운 공동체만이 제대로 기능하는 공동체예요. 지식, 자원, 권력이 공평하게 분배되고, 사람을 통제하기보다는 해방하는 교육이 필요하죠. 자본보다 사람을 중심에 두는 경제 체계와 돌봄에 기반한 제도 또한 중요해요. 고통을 줄이는 데 그치는 게 아니라, 착취 자체가 뿌리 뽑힌 상태에서 함께 살아가는 구조가 마련되어야 하고요. 그래서 저항, 연대, 공동의 책임 같은 가치들이 제대로 작동할 때야말로 공동체가 비로소

Stephanie
독일,
정치·사회학 전공,
정치기획자

제대로 성장한다고 생각해요.

사회의 진보와 성장은 교육에 크게 기반한다고 봐요. 사람들에게 그들이 가진 권리와 권력 구조, 그리고 정치적 결정이 개인의 삶에 미치는 영향에 대해서 가르쳐야 해요. 공동체와 세계적 차원의 문제에 대한 전반적 이해도 마찬가지고요. 사람들이 정치에 관심을 가지지 않고 사회 발전에 이바지하는 일을 홀대하기 시작할 때, 우리가 사는 세상은 정체될 수밖에 없어요.

Svenja
독일, 사회복지사

개인적으로든 집단적으로든 상처를 회복할 줄 아는 노하우가 필수적인 것 같아요. 상처를 건강한 방법으로 치유하고 그걸 상호 이해와 수용의 공통분모로 삼는다면, 갈등과 분열을 낳는 차이를 극복하는 공동체로 거듭나지 않을까요?

류한경
대한민국,
사진가, 번역가

건강한 공동체는 정체성과 자치권 사이의 창조적 긴장 속에서 자라나요. 그걸 만들어내는 건 단순한 연대가 아닌 윤리적 조율 시스템이에요. 디지털 시대의 공동체는 영적인 중심을 잃지 않으면서, 네트워크 차원에서도 제대로 연결되고 자율적으로 설계되어야 해요. 중심을 가지되 탈중심적 소통이 가능한 복합적 생명체가 공동체거든요.

정은수
대한민국,
前 태재연구재단
특임연구원

question
No. 6

; 어떻게 해야
더 나은 사회를
만들 수 있을까?

세계에서 가장 부유한 사람들의 자산을 나누거나, 이를 모두를 위한 평등한 시스템에 투자하는 게 첫걸음일 거예요. 그렇다고 기본소득 제도에 동의하지는 않아요. 단순히 돈을 더 준다고 해서 문제를 해결할 수는 없으니까요. 저는 '소유권'이 핵심이라고 생각해요. 미국만 봐도 극소수의 사람들이 토지나 부동산, 사업체를 소유하고, 나머지 대다수는 그것을 빌려 쓰며 살아가는 중이잖아요. 더 많은 이들이 자기 집이나 사업체, 자산을 직접 소유한다면 자유와 평등의 전폭적인 확대가 가능해질 것 같아요.

AJ
미국,
환경운동가,
도시 농부

교육을 장려하고 평등을 보장하는 것부터 시작이에요. 서로 다른 집단 간의 대화를 끌어내고, 정의와 책임감, 존중을 사회의 기본적인 원칙으로 삼는 분위기도 더 확립되었으면 해요.

Anas
차드,
이커머스 전문가

더 편리한 사회를 위해 새로운 것들을 만들어내는 걸 멈춰야 해요. 더는 그만 개발해야 하고요. 이제는 발전이 아닌 우리가 얼마나 멀리 와버렸는지, 그 과정에서 얼마나 많은 것을 잃었는지를 돌아봐야 할 때예요. 생산과 편의만이 중요해진 사회에서, 정말 중요한 것들은 소멸하고 있음을 잊지 말아야 해요.

<small>Ayako
일본,
지속가능성 상점 운영</small>

미디어가 형성하는 극단화에 제동을 걸고, 사람들이 서로 마주 앉아 대화하게 만들어야죠. 그리고 개인이 아닌 사회와 공동체를 중시하는 분위기를 되살리기 위해 노력해야 할 것 같아요.

<small>Isaac
미국, 심리학 전공</small>

여러 측면에서 변화가 필요해요. 현재의 미디어는 포퓰리즘은 부추기고, 혐오를 확산하며, 고정된 시각을 강화하는 경향이 있어요. 더 나은 사회를 위해서는 제대로 된 소통과 열린 토론, 사람 간의 진정한 교류가 동반되어야 한다고 느껴요. 개인적으로는 자본주의가 현재의 민주적 사회에서의 많은 문제의 근원이 된다고 판단해요. 생활비 상승으로 인한 경제적 고통이 대표적인 예시죠. 저의 경험에 빗대어 보더라도, 사람들은 점점 더 행동에 대한 대가를 바라는 것 같아요. 진실한 배려나 친절은 서서히 사라져가는 중이고요.

<small>Jens
독일, 지리학 전공</small>

정신 건강을 신체 건강만큼 중요한 문제로 인식하는 일

의 필요성이 자주 와닿아요. 정신 건강에 대한 수요는 점점 증가하는데, 정신질환 자체는 여전히 낙인처럼 여겨지잖아요. "그건 진짜 병이 아니잖아", "그냥 행복할 수는 없어?" 같은 말을 자주 듣지만, 정신질환도 신체 질환과 비슷한 수준으로 삶을 위협할 수 있어요. 내면의 고통으로 극단적인 선택을 고민하는 사람들에 대한 제대로 된 처우를 고려하고, 그런 상태를 생명을 위협하는 응급 상황으로 여겨야 해요. '웰빙'에 대한 전반적인 고민과 그에 대한 공감, 그리고 다양한 어려움을 이해하고 해결하려는 태도가 어느 때보다 더 중요한 시점이에요.

Laerke
덴마크,
한국학·IT 전공

더 나은 사회는 목적 있는 교육을 통해 만들어지고, 모두를 위한 정의를 지키며, 소외된 사람들을 포용하고, 서로를 이해하며 대화를 선택하는 데서 시작돼요. 이건 단지 제도적인 문제가 아니라, '신경 쓸 용기'를 가진 개인들의 행동에서 출발하는 것 같아요.

Luis
온두라스,
컴퓨터공학 전공,
작가

나라별로 문제가 아주 다르지만, 저는 해답은 결국 같다고 생각해요. 사람들은 자신이 믿는 가치를 위해 직접 나서야 해요. 개인은 혼자일 땐 약하지만, 함께할 때는 비로소 강해질 수 있고, 단결을 통해서만 공동의 목표 달성이 가능해요. 사회가 극단적으로 양극화되는 걸 줄이기 위해서라도, 이런 연대가 꼭 필요하겠죠.

Marcus
덴마크, 소방관

이미 건강한 공동체에 관한 질문에서 대답했듯이, 교육·보건·정의라는 핵심 요소에 집중하는 거요. 더해서, 자원의 공정한 재분배도요. 빈곤을 줄이는 건 가장 시급한 과제 중 하나예요.

Salome
프랑스
국제 관계학·
아시아학 전공

정치 교육이 핵심이에요. 사회 구성원들, 특히 청년들이 정치적 결정에 참여할 수 있도록 힘을 실어주고, 관련 문제에 관한 관심을 끌어내고, 정치 구조를 설계하는 당사자가 될 열정을 불어 넣어야 해요. 청년들에게는 지속적이고 긍정적인 정치적 변화를 만들어낼 능력과 가능성이 있어요. 정치가 엘리트들만의 영역으로 자리 잡아서는 안 되는 것도 그 때문이에요. 모두가 접근 가능한 정치 생태계를 구축해야 하죠. 우리 안에 변화를 끌어낼 힘이 존재한다고 믿게 돕는 것도 중요하고요. 그리고 우리 모두 다른 이들에게 좋은 롤모델이 되겠다는 열망을 가졌으면 좋겠어요. 그건 더 나은 사람으로 성장하는 것을 꿈꾸고, 내가 대우받고 싶은 대로 다른 이를 대우하려는 태도거든요.

Svenja
독일, 사회복지사

지금의 세상 자체를 해체해야 해요. 현재의 시스템은 착취, 백인 우월주의, 가부장제, 제국주의 위에 세워졌어요. 자본가 계층이 아닌 평범한 사람들의 손에 권력을 돌려주려면, 조직하고, 교육하며, 행동하고, 억압의 체계를 해체하고, 이를 돌봄과 협력, 공동 소유의 구조

Stephanie
독일,
정치·사회학 전공,
정치기획자

로 대체해야 해요. 혁명은 어느 날 갑자기 일어나는 사건이 아닌 지속적인 과정이에요. 그러니 훈련과 전략, 그리고 자유를 향한 단단한 의지가 필요한 법이죠. 이 싸움의 중심에는 공감과 연대가 있어야 하고요. 추상적인 이상이 아닌, 실질적 운동의 기반으로서요. 자본주의는 우리를 고립시키고, 서로를 동료가 아닌 경쟁자로 여기게 만들어요. 개인주의를 부추기고, 공동체의 진정한 변화에 필요한 집단정신을 짓밟죠. 더 나은 사회는 우리가 서로의 해방이 연결되어 있다는 사실을 깨달을 때 비로소 가능해져요. 서로를 신경 쓰는 게 시혜가 아닌, 공동의 저항이라는 인식 아래에 이뤄져야 한다는 뜻이에요. 연대 없인 진정한 혁명도 존재하지 않고, 결국 또 다른 방식의 지배만이 남게 될 거예요.

더 나은 사회는 감정적 합의가 아닌 질서의 설계와 문명의 통찰로부터 와요. 기술은 도구일 뿐, 목적이 아니죠. 정치란 기술과 의미를 조율하는 메타디자인이에요. 따라서 우리는 기술을 윤리로, 질서를 존재론으로 재구성해야 해요. 정치는 공정한 분배가 아닌 존재의 형식에 대한 설계 능력이니까요.

정은수
대한민국,
前 태재연구재단
특임연구원

세계의 청년은 지금

question
No. 7

; 국가는
지속될 수 있을까?

대체로 그렇다고 생각해요. 규모를 극대화하지 않고, 자기 역할에 충실하며, 더 강력한 나라의 침입을 받지 않는 이상 앞으로도 '국가'라는 시스템은 계속해서 존속할 거예요. 반면에, 다른 나라에 자기 입장을 강요하거나 확장을 시도하는 국가는 장기적으로는 실패할 가능성이 높아요. 아무리 그 확장이 '옳다'고 믿는다고 해도, 지나치게 넓은 영토와 다양한 인구를 성공적으로 다스리는 경우는 매우 드무니까요. 그런 이유로 대부분의 '제국'들은 결국 무너지고 말았고요.

AJ
미국,
환경운동가,
도시 농부

국가는 변화에 적응하고, 탄탄한 사회적 토대를 구축하며, 핵심 가치와 문화를 유지할 때 비로소 지속될 수 있어요. 국민의 목소리에 귀 기울이고, 교육에 투자하며, 포용적인 제도를 만드는 국가일수록 역사의 시험을 더 잘 견뎌낼 거예요.

Anas
차드,
이커머스 전문가

아뇨. 정확히 설명할 수는 없지만, 현대의 국가는 더는 지속되기 어려운 시스템으로 구성되었다는 느낌을 받고는 해요. 특히 일본은 더 그렇고요. 정부, 구성원, 사회, 환경 등 많은 면에서요.

Ayako
일본,
지속가능성 상점
운영

저는 오랜 시간 동안 변화를 견디고 살아남게 만드는 유일한 힘은 결국 인류애를 기반으로 한 연대감과 문화라고 믿어요. 국가는 생겨났다가 사라지기도 하지만, 사람들에게 '우리는 하나의 공동체'라는 감각을 심어주는 정체성은 그보다 훨씬 오래 지속되죠. 브라질 북부의 아마존 원주민들, 이탈리아 남부 주민들, 혹은 페루의 지역 공동체들처럼요. 실제로 많은 국가 간 갈등은 서로 간에 경계선을 그으려는 행위에서 비롯되는 경우가 많아요. 이는 모두가 함께하는 공동체를 만들기보다는, 서로를 구분 짓고 갈라놓는 데 더 가까운 일이에요.

Elvia
브라질, 예술가
국제 애널리스트

네, 저는 국가라는 형태가 분명 유지될 수 있다고 생각해요. 세상은 끊임없이 변하고 새로운 도전도 계속해서 생겨나지만, 그럴수록 국민은 자신들이 공유하는 가치에 대해 계속해서 돌아볼 필요가 있어요. 민주주의 국가에서는 정치적 상황에 대한 시민들의 꾸준한 관심이 요구되고, 만약 시스템과 사회를 위협하는 사람이 있다면 우리 역시 그에 맞서 목소리를 내야 해요. 그러다 보

Jens
독일, 지리학 전공

면 국가 역시 건강한 방식으로 오랫동안 지속될 거예요.

국가 자체는 사라지지 않을 것 같아요. 다만, 변화와 시대의 흐름에 맞춰 유연하게 적응하는 태도를 보인다는 전제가 먼저 깔려야 해요. 변화를 거부하고 낡은 전통만을 고수하며 발전의 여지를 두지 않는 국가는 결국 뒤처질 수밖에 없어요. 반대로, 변화의 필요성을 인식하고, 국민의 목소리에 귀 기울이며, 사회의 요구에 맞춰 나가는 국가는 장기적인 생존 가능성이 훨씬 더 커지겠죠.

Laerke
덴마크,
한국학·IT 전공

조건이 맞는다면요. 단순히 국기 같은 상징성과 정부라는 틀을 넘어서, 세대를 거치면서도 존재의 의미를 되새기고 변화하는 시대에 맞춰 스스로를 재정립하는 '살아 있는 약속'이 된다면 국가는 지속 가능해요. 과거의 유산만 붙잡는 게 아니라, 그것을 바탕으로 진화하며 새로운 가치를 더해가야 하고요.

Luis
온두라스,
컴퓨터공학 전공,
작가

그럼요. 역사를 돌이켜보면, 국가가 장기간 지속된 사례는 수없이 많은걸요. 오히려 어떤 나라를 무너뜨리려면 의도적이고 체계적인 파괴가 필요할 정도죠. 그런 면에서 인간 사회는 바퀴벌레처럼 쉽게 사라지지 않는 존재라고도 볼 수 있어요.

Marcus
덴마크, 소방관

솔직히 말해서, 최소한 일본이라는 나라가 지속될지에 대해서는 걱정이 많아요. 급격하게 변하는 세상에서, 일본의 보수적인 환경과 구조는 다른 나라들의 경제적 성장과 정치적 발전을 따라가지 못하고 결국은 뒤처지는 상황을 만들 것 같아요.

Minako
일본, 영미학 전공,
독일 지사 근무

답하기 쉽지 않은 질문이네요. 지금까지의 역사를 보면, 우리가 아는 민주주의 모델은 늘 위기를 겪어왔고, 장기적으로는 그 형태를 유지하지 못한 경우도 많았어요. 그렇다고 민주주의가 본질적으로 실현 불가능하거나 실패할 운명이라는 뜻은 아니에요. 오히려 민주주의가 오래 지속되려면, 제도를 끊임없이 점검하고, 그 제도가 지향하는 가치와 실제 실행 방식이 사람들에게 어떤 영향을 주는지를 계속 되돌아봐야 해요. 사회는 계속 변화하고, 삶의 질에 대한 기준도 기술 발전, 환경 변화, 국제 관계 속에서 계속 달라지잖아요. 그러니 지속적인 질문과 점검은 필수예요.

Salome
프랑스
국제 관계학·
아시아학 전공

자본주의와 제국주의 아래 존재하는 국가는 역사적 투쟁, 폭력, 경제적 이해관계 속에서 형성된 일종의 구조물과 같아요. 현재의 형태로는 어떤 국가도 무기한 지속될 수 없고, 모든 사회 구조는 결국 변화의 과정을 겪게 돼요. 정의롭고 지속 가능한 사회는 착취의 폐허 위에서 민족주의가 연대감으로 대체되고, 지배계층이 아

Stephanie
독일,
정치·사회학 전공,
정치기획자

닌 '사람들' 스스로가 우리의 운명을 결정할 수 있을 때만 가능해요. 국가의 지속은 정의와 자유, 평등의 확장에 달린 법이죠.

국가는 지속되겠지만, 그 형식은 제국이나 플랫폼으로 재구성될 거예요. 미국은 로마의 기억을 호명하며 영성과 기술을 통해 '새로운 국가'를 설계하고 있어요. 중국은 중화제국의 과거를 회상하며 네트워크와 AI를 통해 '천하'를 복원하는 중이고요. 국가는 이제 영토가 아닌 의미와 질서의 문제예요. 그런 의미에서 기술이 뼈대가 되고, 영성이 혈관이 되는 '디지털 문명국가'가 새로운 정치 주체로 떠오를 거라고 생각해요.

정은수
대한민국,
前 태재연구재단
특임연구원

전요, 국가의 미래보다는 지구의 미래가 더 걱정돼요.

류한경
대한민국,
사진가, 번역가

세계의 청년은 지금

question
No. 8

국민은 정말 국가의 주인일까?

그렇기도 하고, 아니기도 해요. '민주주의'에서는 우리가 대표자를 선출해 국가를 운영하게 하지만, 요즘에는 극소수의 부유층과 대기업이 선출된 이들에게 훨씬 더 큰 영향력을 행사하잖아요. 물론 소비자인 우리도 어떤 기업이나 사업을 지지할지를 선택함으로써 영향력을 가진다고 믿지만, 실제로는 그런 선택을 하지 않기도 하죠. 이 모든 것의 큰 부분은 결국 '시스템과 구조' 자체에 달렸어요. 저는 가끔 이게 일종의 판도라 상자 같기도 해요.

AJ
미국,
환경운동가,
도시 농부

원칙적으로는 그렇지만, 현실은 다르죠. 자본과 사익이 지나치게 개입하면서 사회 구성원들의 목소리는 구석으로 밀려나니까요. 시민이 진정한 주인이 되는 건 그들의 인식, 참여, 그리고 단결에 달려 있어요. 무기력한 국민은 권력의 쇠퇴를 허용하지만, 능동적인 국민은 국

Anas
차드,
이커머스 전문가

가에 책임을 묻는 힘을 갖게 되고요.

만약 이 질문이 농담이면, 그렇다고 대답할래요. 자본주의는 국민이 국가의 주인이라는 진실을 왜곡해 왔고, 이제 돈이 국가의 진짜 주인이 되어버렸어요. 그리고 우리는 모두 그 돈이 사회의 극소수에게만 존속되었다는 걸 알죠.

Elvia
브라질, 예술가
국제 애널리스트

아닌 것 같아요. 하지만 우리에게도 어느 정도의 힘은 있어요. 대부분은 극단적이고 강렬한 형태로 발현되기 마련이지만요.

Isaac
미국, 심리학 전공

좋은 질문이네요. 부분적으로는 그렇다고 생각해요. 민주주의는 단순히 투표권이 아닌 사람들이 직접 정치에 참여하거나 자신이 반대하는 것에 대해 조직하고 항의하는 능력에서도 비롯되니까요. 민주주의의 원칙은 '모두에게 동등한 한 표가 주어진다'는 것이고, 그러니 모두가 정치에 똑같은 영향을 미칠 수 있어야 해요. 하지만 현실은 그렇지 않아요. 대부분의 나라에서는 대기업이 정치인들에게 엄청난 영향을 미쳐요. 부유한 사람들은 정치에 강한 영향력을 행사할 자금과 인맥을 가지고 있어요. 정치인들이 권력이 아닌 평범한 시민들의 삶에는 그다지 관심을 두지 않는 경우도 많고요.

Jens
독일, 지리학 전공

둘 다예요. 민주주의 안에서 시민들은 분명 자신의 목소리를 낼 수 있지만, 그렇다고 모든 사람을 만족시킬 수는 없죠. 시민들은 투표나 청원 같은 방식으로 결정권자에게 영향을 줘요. 하지만 정부는 국민 전체의 필요를 공정하고 균형 있게 고려해야 하고요. 민주주의를 통해 시민들이 권한을 부여받더라도 모든 개인의 바람이 충족되는 건 어려워요. 완전한 만족은 현실적으로 이루기 어려운 것 같아요.

Laerke
덴마크,
한국학·IT 전공

이론적으로는 그렇지만, 실제로는 우리가 참여를 거부하는 경우가 많아요. 그래서 관료들, 엘리트들, 그리고 제도가 권력을 행사하고, 시민들의 바람은 뒷전으로 밀려나죠. 결국 시민들은 잘못된 정보와 조작, 사회·정치적 분열, 그리고 불평등으로 인해 힘을 잃게 돼요.

Luis
온두라스,
컴퓨터공학 전공,
작가

네, 저는 국민이 국가의 주인이라고 믿어요. 시민들은 시위와 보이콧 등을 통해 국가를 이끄는 존재로 거듭나요. 국민의 지지를 잃는다면 국가를 운영하는 게 무척 어려워지고요. 그래서 이제는 단일 국가 차원을 넘어 전 세계적으로 시민들이 연대하고 목소리를 내는 게 점점 더 중요해지고 있어요. 잘못된 정보의 파급력이 점점 강해지는 상황에서, 우리는 이에 맞서기 위해서 반드시 하나로 뭉쳐야 해요.

Marcus
덴마크, 소방관

그렇지 않은 것 같아요. 국민에게 투표권이 있지만, 실제로 국가를 운영하고 결정하는 사람들은 따로 있죠. 물론 국가마다 다르지만, 일반적으로 경제나 언론처럼 민감한 분야에서 영향력을 가진 사람들, 대표적으로는 부유층이나 기업인들이 시민들의 정치적 행동이나 인식 형성에 큰 영향을 미쳐요. 조금 비관적인 시각일지라도, 저는 지금의 시민들이 국가를 운영하는 주체가 아닌 일부 소수집단의 이익을 위한 도구로 활용된다고 봐요. 민주주의를 국민의 것이라고 보는 건 사람들을 하나의 공동체로 인식하고 그들의 이익을 대변해야 한다는 뜻과 동일할 텐데, 현실에서는 개인적 이해관계를 위해 그 명분이 오용되는 경우가 다수죠.

Salome
프랑스
국제 관계학·
아시아학 전공

아뇨. 현재의 국가는 계급 지배의 도구이자 지배 계층의 이익을 위한 억압의 장치로 기능해요. 민주주의라는 환상은 자본가, 생산 수단의 소유자, 그리고 강제력을 행사하는 법과 질서를 유지하는 자들의 지배를 은폐하는 허상일 뿐이에요. 국가가 억압의 도구가 아닌 다수에 의한 자치의 구조로 재편되거나 폐지되어야 비로소 시민들이 진정한 의미에서 자신의 운명을 주도하는 주체가 될 수 있을 거예요.

Stephanie
독일,
정치·사회학 전공,
정치기획자

네, 그렇죠. 그런데 똑똑한 국민과 멍청한 국민, 선한 국민과 악한 국민이 공동으로 주인이라서 어렵고 아픈

류한경
대한민국,
사진가, 번역가

일이 되는 것 같아요.

국민은 주권자일까요, 데이터일까요? 과연 국민이라는 개념이 앞으로도 유효한 개념일까요? 이건 상당히 본질적 질문이에요. 진정한 신문명의 주체로 거듭나려면 '선거 참여'가 아닌 '시스템 설계의 주체'가 되어야 해요. 지금은 플랫폼이 법률을 대체하고, 알고리즘이 행정을 대체하는 시대잖아요. 국민은 단순한 공화국의 시민을 넘어 새로운 문명의 질서를 설계하는 행위자로 거듭날 필요가 있어요.

정은수
대한민국,
前 태재연구재단
특임연구원

우리는 다음 지구로 간다

2025년 12월 15일 초판 1쇄 발행

지은이 함은세
펴낸이 이원주

편집인 박숙정 **책임편집** 박숙정 **디자인** 전성연
마케팅 양근모, 권금숙, 양봉호 **온라인마케팅** 신하은, 현나래, 최혜빈
디지털콘텐츠 최은정 **해외기획** 우정민, 배혜림, 정혜인
경영지원 김현우, 강신우, 이윤재 **제작** 이진영
펴낸곳 쌤앤파커스 **출판신고** 2006년 9월 25일 제406-2006-000210호
주소 서울시 마포구 월드컵북로 396 누리꿈스퀘어 비즈니스타워 18층
전화 02-6712-9800 **팩스** 02-6712-9810 **이메일** info@smpk.kr

ⓒ 함은세 (저작권자와 맺은 특약에 따라 검인을 생략합니다)
ISBN 979-11-24070-24-6 (03800)

- 이 책은 저작권법에 따라 보호받는 저작물이므로 무단전재와 무단복제를 금지하며,
  이 책 내용의 전부 또는 일부를 이용하려면 반드시 저작권자와 (주)쌤앤파커스의 서면동의를 받아야 합니다.
- 잘못된 책은 구입하신 서점에서 바꿔드립니다.
- 책값은 뒤표지에 있습니다.

쌤앤파커스(Sam&Parkers)는 독자 여러분의 책에 관한 아이디어와 원고 투고를
설레는 마음으로 기다리고 있습니다.
책으로 엮기를 원하는 아이디어가 있으신 분은 이메일 book@smpk.kr로 간단한 개요와 취지,
연락처 등을 보내주세요. 머뭇거리지 말고 문을 두드리세요. 길이 열립니다.